VÉASE Y SIÉNTASE BIEN

ALIMENTÁNDOSE CORRECTAMENTE

VÉASE Y SIÉNTASE BIEN

ALIMENTÁNDOSE CORRECTAMENTE

DR. ERASMO AMBRIZ ZAVALA

Diseño de portada: Marco Antonio Vargas / AUTORIA
Diseño de interiores: Editorial Aguirre Hermanos, S.A. de .C.V.

© 2007, Erasmo Ambriz Zavala

Derechos reservados

© 2007, Editorial Diana, S.A. de C.V.
Avenida Presidente Masarik núm. 111, 2o. piso
Colonia Chapultepec Morales
C.P. 11570 México, D.F.
www.diana.com.mx

Primera edición: enero de 2008
ISBN: 978-968-13-4199-2

Impreso en los talleres de Litográfica Ingramex, S.A. de C.V.
Centeno núm. 162, colonia Granjas Esmeralda, México, D.F.
Impreso y hecho en México - *Printed and made in Mexico*

A mi esposa Martha y a mis hijos Luis Gerardo, Hugo, Francisco Javier, Martha Leticia y Carlos Alberto. Son mi gran motivación y la razón de mi vida.

Contenido

Prólogo

El acto de comer debe ser, no sólo un placer, sino una oportunidad que debemos aprovechar de alimentarnos sanamente, hábito que nos llevará a tener un cuerpo saludable.

Podemos hacer rendir mejor a nuestro organismo si sabemos elegir los alimentos que nos convienen más. Pequeños cambios en la forma de alimentarnos, pueden mejorar mucho nuestro bienestar general, previniendo con ello, muchos de los trastornos que una mala alimentación puede provocarnos.

Por desgracia, la alimentación moderna, por ejemplo, "la comida rápida", tan de moda en la actualidad, ha empeorado tanto que se puede afirmar que nos sacia el apetito o el antojo, pero no nos nutre, ni nos fortalece, o lo hace muy poco; en cambio, su consumo frecuente puede enfermarnos ya que la mayoría de esos alimentos contienen exceso de sal, grasa, azúcar y aditivos químicos.

De acuerdo con los últimos estudios en nuestro país mueren cada hora 8 personas por problemas cardiovasculares, 5 por diabetes y 4 por cáncer. Se ha comprobado que entre los factores de riesgo más importantes se encuentran la obesidad (en fechas recientes, el incremento de personas con sobrepeso ha sido tal, que en México ya se le considera un problema de salud pública), la hipertensión arterial, el elevado nivel del colesterol y de los triglicéridos, la diabetes, el estrés, el abuso de bebidas alcohólicas, el tabaquismo, el sedentarismo y ¡*Los malos hábitos alimenticios*!; es decir, todo lo que por, desgracia, conforma el estilo de vida actual que, aunado a la poca o nula actividad física, puede conducirnos a sufrir un desenlace fatal.

Hoy en día, estos males se diagnostican con cada vez más frecuencia en la juventud. Con alarma, observamos el aumento en la cifra de infartos al miocardio en jóvenes de entre 25 y 30 años de edad, lo que en otros tiempos era nulo o muy raro y que, en gran medida, es producto de la modificación de hábitos. La población es más sedentaria, se "alimenta" más con comida rápida y la variedad de alimentos se reduce a carbohidratos simples y grasas, la mayoría de ellas saturadas, lo que repercute de modo negativo en la salud de las nuevas generaciones y constituye un factor de riesgo muy preocupante.

De lo que comamos hoy, dependerá nuestra futura salud y en lo que hemos venido comiendo desde hace muchos años, se originaron muchos de nuestros trastornos actuales. Así pues, los alimentos influyen en forma positiva o negativa en nuestra salud.

Y así como existen alimentos cuyo abuso o exceso pueden enfermarnos, hay muchos otros que brindan grandes beneficios a nuestro organismo.

Para que nos alimentemos de una manera sana y equilibrada, debemos comer pescado pollo y carne de res magra, una o dos veces por semana; ingerir diario cereales, cinco raciones de frutas y verduras (según recomendación de la organización Mundial de la Salud) por su gran contenido en fibra, vitaminas, minerales y fitonutrientes; productos lácteos y beber de dos a tres litros de agua.

Asimismo, para lograr un estado óptimo de salud, debemos eliminar malos hábitos como el tabaquismo, la ingesta frecuente o excesiva de alcohol o café y hacer ejercicio. Caminar diariamente de 30 a 60 minutos contribuirá a fortalecer nuestra mente y nuestro cuerpo.

Prevenir, evitar muchas enfermedades, y salvar nuestra vida, está en nuestras manos.

1

Fuentes de energía

Para subsistir y efectuar la enorme cantidad de funciones que realiza cada día, nuestro cuerpo requiere, entre otras cosas, de energía, la cual obtiene por medio de los alimentos.

Antes de presentar la clasificación de los alimentos, es necesario mencionar que la nutrición es la ciencia que estudia todos los mecanismos por los cuales nuestro organismo recibe, utiliza y elimina los nutrientes que ingiere. Dentro de este proceso se incluyen funciones como la digestión, la absorción, el transporte a través de la circulación hacia las células, su almacenamiento, la movilización de sus reservas, su transformación, su utilización y, finalmente, su degradación y posterior eliminación.

La nutrición es una ciencia de reciente creación; por lo tanto, es un área del conocimiento que apenas se está perfeccionando a la cual se le agregan diariamente un caudal de conocimientos resultantes de la investigación, lo que la convierte en una disciplina apasionante.

Mientras que en la física la energía se define como la capacidad de realizar un trabajo, en nutrición se relaciona con la manera en que el organismo utiliza la energía contenida en los enlaces químicos dentro de los alimentos.

El cuerpo humano gasta energía en las reacciones químicas que llevan a cabo la síntesis y el mantenimiento de los tejidos corporales, la conducción eléctrica de la actividad neuromuscular, el trabajo mecánico del esfuerzo físico (es decir, la actividad física), y la producción de calor en forma permanente para conservar la temperatura corporal.

Por supuesto, la energía consumida durante la actividad física es el componente que más varía en el consumo total energético ya que depende de la actividad de cada persona.

Por lo general las diferentes sustancias que nos sirven como nutrientes se clasifican en cinco grandes grupos: carbohidratos, grasas, proteínas, vitaminas y minerales. Recientemente algunos autores han incluido un sexto grupo, el de los fitoquímicos, de los cuales se hablará en un capítulo aparte.

A los primeros tres grupos también se les llama macronutrientes porque diariamente se requieren en la dieta, de varias decenas de gramos de ellos para cubrir las necesidades de nutrición. En cambio, a las vitaminas y a los minerales se les llama micronutrientes debido a que sus requerimientos son pequeños, del orden de los miligramos, o incluso, de los microgramos.

Carbohidratos

A los carbohidratos también se les conoce como hidratos de carbono. Su principal función es proporcionarnos energía. Por cada gramo de ellos que absorbemos, nos aportan cuatro calorías.

La unidad estándar para medir la energía es la caloría, que es la cantidad de energía calórica que se requiere para elevar un grado centígrado un mililitro de agua a una temperatura de quince grados centígrados. Una kilocaloría equivale a 1,000 calorías.

En una dieta saludable, lo más recomendable es que los carbohidratos constituyan la mayor parte de nuestra alimentación. Deben aportar de 50 a 60 por ciento del total energético diario. Esto significa que si las necesidades de una persona son de 2,000 calorías diarias, entre 1,000 y 1,200 deben proceder de los carbohidratos o, lo que es lo mismo, esa persona deberá ingerir de 250 a 300 gramos de ellos, teniendo en cuenta, como ya se mencionó, que cada gramo aporta cuatro calorías.

La inmensa mayoría de los carbohidratos se halla en alimentos de origen vegetal. En cuanto al reino animal, sólo el pollo, el hígado y la leche y algunos de sus derivados como el yogur (por la lactosa), los contienen en pequeñas cantidades.

Existe una gran variedad de alimentos de los cuales podemos obtener los requerimientos diarios de carbohidratos. La comida de origen vegetal los contiene en muy diversas cantidades. Las fuentes más ricas son los cereales, legumbres, papas, camote, frutas y leguminosas. Todos estos nutrientes deben constituir la gran base de nuestra alimentación porque además nos aportan otro beneficio: nos proveen de carbohidratos complejos que son mucho mejores que los simples, los cuales elevan en forma muy rápida la glucosa en la sangre y obligan al páncreas a secretar en forma rápida cantidades altas de insulina, lo que puede ser peligroso para los diabéticos. A este efecto se le llama "índice glucémico alto".

Algunos ejemplos de alimentos con índice glucémico alto son el azúcar simple, la miel, los chocolates, los dulces, los pastelillos, las frutas en almíbar y los refrescos, por lo que se recomienda limitar su consumo.

En cambio, todos los vegetales frescos tienen un índice glucémico bajo; es decir, liberan en forma gradual y duradera la glucosa y traen muchos beneficios para la salud: el cuerpo se mantiene con más energía durante más tiempo, se estabilizan los niveles de glucosa e insulina en la sangre, disminuye el colesterol malo (de baja densidad) y los triglicéridos, existe un menor riesgo de sobrepeso y si lo hay, éste tiende a disminuir; protegen contra males cardiovasculares, hipertensión, algunos tipos de cáncer y diabetes y, por si fuera poco, nos ayudan, en forma significativa, a obtener un mejor desempeño deportivo, escolar y laboral.

Por ésas y otras razones que se mencionarán más adelante, del total de carbohidratos que requerimos cada día, como máximo sólo10 por ciento deberá ser azúcar.

El azúcar, en estado puro, no se encuentra en la naturaleza, es sacarosa casi pura. Proporciona un elevado número de calorías y ningún nutriente esencial; por ello, se le considera el ejemplo más representativo de las "calorías vacías" y el "villano" de los carbohidratos debido a que su consumo muy frecuente o el abuso puede provocar desde caries hasta obesidad, diabetes, arteriosclerosis, hipertensión y aumento en los niveles del colesterol y de los triglicéridos, con las consecuencias que ello acarrea.

Los carbohidratos que se hallan en mayor cantidad en las frutas, verduras y granos son: la celulosa (no se absorbe en el intestino, pero es muy benéfica como fibra), la glucosa y la fructosa (azúcar de las frutas).

Ya en el organismo, prácticamente todas las células obtienen energía de la glucosa. Los neurotransmisores la necesitan para efectuar el impulso nervioso, los glóbulos rojos la utilizan como único combustible, los músculos la requieren para contraerse, lo mismo que los pulmones; además, cabe señalar que las neuronas son especialmente sensibles a una baja de glucosa; de ocurrir así, nos dan manifestaciones físicas de inmediato: debilidad, mareo, dolor de cabeza, náuseas y dificultad para concentrarse.

Los carbohidratos son los alimentos que más rápidamente se absorben (el azúcar empieza a absorberse en la boca). La inmensa mayoría de ellos lo hacen en la parte alta del intestino delgado, para después pasar al hígado, en forma de glucosa, y de ahí a todos los lugares donde se le requiera.

Parte del excedente de glucosa puede almacenarse, en forma de glucógeno, en el hígado (de 80 a 100 gr.) y en los músculos (de 300 a 400 gr.). Otra parte de tal excedente puede convertirse en grasa y almacenarse de esa forma.

Así pues, si deseamos alimentarnos de una manera saludable, debemos incluir diario en nuestras comidas alimentos abundantes en carbohidratos. De especial importancia es su presencia en el desayuno, momento en el que se requiere restituir las reservas corporales utilizadas, durante el ayuno nocturno (ocho horas o más). Para este momento es ideal comer cereales, frutas, pan y productos lácteos o jugos de frutas naturales, y dos o más vasos con agua.

Para la comida del mediodía, podemos elegir entre varios alimentos como el pescado, atún, salmón, carne de pollo, carne de res magra, cereales, leguminosas, verduras de hoja verde (el brócoli es un excelente alimento), soya, papas y, también, frutas y dos o más vasos con agua.

Para la hora de la cena, se recomienda la ingestión de fruta con granola y yogur o el pan y los productos lácteos. Si se prefiere, se puede ingerir una pieza de carne de pollo o de res. Recuerde que por la noche, debido al reposo, la digestión se hace mucho más lenta. No olvide incluir agua. Se aconseja beber de dos a tres litros de agua y comer cinco raciones de frutas y verduras durante el transcurso del día. Si se sigue esta sencilla regla, se estará cumpliendo con otra recomendación muy importante: comer de 20 a 30 gramos de fibra diariamente.

Si va a ingerir azúcar u otros alimentos que la contengan en cantidad considerable, es preferible hacerlo junto con otros alimentos, a manera de postre.

La miel, que está hecha con néctar vegetal (sacarosa), recolectado por las abejas, aporta muchas más calorías que el azúcar, por lo que debe ingerirse con moderación, pero a diferencia del azúcar contiene pequeñísimas cantidades de algunas vitaminas y minerales.

Grasas

Las grasas son un grupo heterogéneo de compuestos donde se incluye al colesterol, caracterizados por su insolubilidad en agua. Tienen una importantísima función energética y, por su capacidad de almacenarse en el organismo, son por mucho, la mayor reserva de energía de la cual podemos disponer.

Se clasifican en: *ácidos grasos* (son el componente principal de las grasas; constituyen un elemento básico de la estructura de la membrana de las células); *triglicéridos*, formados de glicerol y ácidos grasos; *fosfolípidos*, que son ésteres de glicerol, ácidos grasos y fosfato; *lípidos* que no contienen glicerol como las ceras, terpenos y esteroides; *glucolípidos* y los *lípidos sintéticos*.

Los dobles enlaces, un tipo de unión característico entre los elementos que conforman las grasas, determinan cuándo una grasa es saturada (sin dobles enlaces) o insaturada (con dobles enlaces).

Existen grasas que contienen sólo un doble enlace, se les llama *monoinsaturadas*; cuando contienen dos o más enlaces dobles, se les llama *poliinsaturadas*.

No hay alimentos que contengan sólo grasa saturada o insaturada, sino que todos incluyen una mezcla de ambas; lo que sí existe es un predominio de una u otra.

Las grasas son el nutriente que más calorías aporta (nueve por cada gramo); poco más del doble de las que aportan los carbohidratos y las proteínas. Además, son capaces de almacenarse en cantidades muy importantes en un tejido especializado para ese fin, el tejido adiposo.

Los cojincillos de grasa sostienen a los órganos y nervios en su posición y los protegen contra los traumatismos; la capa subcutánea de grasa que aísla al cuerpo le ayuda a mantener su temperatura. Las grasas de los alimentos también son necesarias para la digestión, absorción y transporte de las vitaminas liposolubles (A, D, E y K); estimulan la producción de ácidos biliares y pancreáticos, facilitando así el proceso digestivo. Los fosfolípidos, son parte integral de todas las membranas celulares, donde funcionan como sustratos para la producción de algunas hormonas y otros lípidos complejos. Éstas son sólo algunas de las múltiples funciones que cumplen las grasas en el organismo.

El ácido graso monoinsaturado más importante y más abundante en la sangre es el ácido oleico, componente principal del aceite de oliva, de canola y de cacahuate; también se encuentra en las nueces, almendras y aguacate. Es el más saludable para cocinar.

Entre los ácidos grasos poliinsaturados se encuentran los únicos dos ácidos grasos esenciales, llamados así porque el cuerpo no los puede producir: el ácido linoleico y el ácido linolenico.

A los derivados del ácido graso linolenico se les conoce como ácidos grasos omega-3 y son: el ácido eicosapentaenoico (EPA) y el ácido docosahexaenoico (DHA).

A los derivados del ácido linoleico, se les llama ácidos omega-6, incluyen a los ácidos alfalinolenico, gamalinolenico y al ácido araquidonico.

El cuerpo utiliza ambos ácidos grasos esenciales para regular una amplia variedad de funciones y sustancias celulares, incluyendo el nivel de prostaglandinas, que son sustancias activas, parecidas a las hormonas, que regulan casi cualquier función en el organismo (el funcionamiento del corazón, la función inmunológica, la digestión, la respuesta alérgica, la inflamación, el mantenimiento de la temperatura corporal; entre muchas otras funciones). Asimismo, al igual que las demás grasas, son fuente de energía, pero ésta no es su principal función. Junto con las proteínas, son imprescindibles para la formación de las membranas celulares; además, participan en la formación de la mielina (la cubierta protectora de las neuronas). Se calcula que hasta un 20 por ciento de la materia gris del cerebro está compuesta por ácidos grasos esenciales.

Los ácidos grasos omega-3 y omega-6, se encuentran entre los nutrientes más necesarios para mantener sana y bella la piel. También, ayudan a mantener normales los niveles de colesterol, previniendo con ello males cardiovasculares. De una manera muy eficaz, fortalecen el sistema inmunológico y eliminan la inflamación (son de gran utilidad en padecimientos que se caracterizan por inflamación como el asma, bronquitis, artritis, etcétera).

Nuestro organismo necesita ese tipo de ácidos para formar su propia lecitina, un fosfolípido, con múltiples funciones, que integra las membranas celulares y que sirve de materia prima para que el cuerpo produzca toda una familia de sustancias reguladoras como las prostaglandinas (ya mencionadas), tromboxanos y leucotrienos.

Las deficiencias en la dieta de ácidos grasos esenciales se han asociado con retardo del crecimiento, lesiones cutáneas, deficiencias en la reproducción, hígado graso, disminución en el aprendizaje, alteraciones visuales y problemas alérgicos. De ahí la importancia de incluirlos en la dieta diaria.

Las fuentes más importantes de ácidos omega-3 son marinas (aceite de hígado de bacalao, pescado, salmón, atún, camarón y ostión) aunque también se halla en la yema de huevo y se pueden obtener precursores vegetales de aceites de linaza y canola y de verduras de hoja verde.

Los aceites son casi en su totalidad materia grasa, aunque su contenido de ácidos grasos se considera saludable, de ahí la recomendación de incluirlos a diario en nuestra alimentación, sobre todo, como ya se mencionó, el aceite de oliva.

Por lo general, los alimentos de origen vegetal son ricos en grasas insaturadas y los de origen animal lo son en grasas saturadas, excepto el pescado, que es abundante en grasas poliinsaturadas con propiedades favorables para mantener la salud cardiovascular.

Por lo que se refiere a la leche entera, las grasas saturadas superan a las insaturadas, y algo similar sucede con las carnes; de ahí la recomendación —en especial para los adultos— de ingerir leche y otros productos lácteos, descremados y comer carne magra. En el caso del pollo, se debe cocer sin piel.

Existen muchos alimentos con bajo índice nutricional y que presentan altos contenidos de grasa, por lo que se recomienda restringir su consumo. En este grupo se incluyen productos de bollería, helados de crema, mantequilla, margarina, algunos quesos, mayonesas y productos hechos con manteca vegetal (se ha demostrado que ésta aumenta el colesterol tanto o más que la manteca de cerdo).

Una dieta no puede considerarse equilibrada si no contiene un determinado porcentaje de grasas. La ingesta diaria debe ser de 30 a 35 por ciento del total de las calorías diarias. Por lo tanto, si una persona requiere de, por ejemplo, 2,500 calorías por día, la cantidad de grasas que deberá consumir diariamente será de entre 75 y 85 gramos, a razón de nueve calorías por gramo.

Las grasas saturadas y poliinsaturadas aporten entre 8 y 10 por ciento de las calorías totales, y el otro 25 por ciento corresponde a las grasas monoinsaturadas, que son las más saludables.

Las frutas, cereales, legumbres, hortalizas, las papas y los productos lácteos descremados contienen muy poca grasa. Estos alimentos son los que deben integrar la base de nuestra alimentación cotidiana

Otros alimentos que presentan altos contenidos de grasa, de 7 hasta 25 gramos por ración, por lo que debemos evitarlos lo más posible, son, en orden creciente de contenido: el queso cheddar, la leche entera, las salchichas, los bisteces, las papas fritas (la forma menos aconsejable de comerlas), las barras de chocolate, las hojuelas de maíz, las donas, la mayonesa, los *hot-dogs*, la mantequilla, las chuletas de cerdo, el pastel de queso, el macarrón con queso, los cacahuates, las hamburguesas con queso, el chorizo, el tocino, el pastel de nuez, el pastel de carne y la margarina.

El consumo de grasa por arriba de los requerimientos y en forma frecuente es el factor dietético que más se asocia con niveles altos de colesterol y triglicéridos, situación que conduce al desarrollo de la aterosclerosis y, en consecuencia, a la enfermedad coronaria.

Proteínas

Los carbohidratos y las grasas están formados con carbono, hidrógeno y óxígeno. Las proteínas también, sólo que contienen otro elemento químico que las hace diferentes; el nitrógeno. En las proteínas, estos cuatro elementos se combinan para formar sus unidades básicas: los aminoácidos.

Como si se tratara de una cadena, cada proteína está integrada por la unión de diferentes aminoácidos en un orden estricto y en un número determinado.

La totalidad de las miles de proteínas diferentes que tenemos en nuestro organismo están constituidas por diversas combinaciones de sólo veinte aminoácidos: glicina, alanina, serina, tirosina, arginina, ácido aspártico, asparagina, ácido glutámico, glutamina, cisteína, histidina, prolina, lisina, valina, leucina, isoleucina, metionina, fenilalanina, triptófano y treonina. Los últimos ocho son esenciales, en tanto que los primeros doce, no. Los esenciales los puede producir el cuerpo. Se considera además que los aminoácidos histidina y cisteína son esenciales en lactantes y en pacientes que padecen enfermedades crónicas.

En nutrición, el concepto "esencial" se aplica a todo aquel nutriente que siendo indispensable para el organismo debe ser incorporado, obligatoriamente del exterior, por ser incapaz de sintetizarlo, ya sea en parte o en su totalidad. Obtienen este calificativo los ocho aminoácidos ya mencionados, los ácidos grasos linoleico y linolenico, las vitaminas y los minerales.

Al igual que los carbohidratos, las proteínas proporcionan cuatro calorías por gramo debido a que el nitrógeno puede eliminarse de los aminoácidos mediante un proceso químico llamado desaminación y, el carbohidrato resultante es el que se utiliza para proporcionar las cuatro calorías. No obstante, ésta no es la principal función de las proteínas, sus aminoácidos son empleados por el organismo sobre todo para elaborar sus propias proteínas de acuerdo con las instrucciones del código genético.

Y es que las proteínas presentes en músculos y tejidos corporales se encuentran en una renovación constante; por ello, se requiere de la ingestión de proteínas diariamente para conservar al organismo en una situación de equilibrio armónico.

Entre otras de las funciones de los aminoácidos tenemos que estimulan el sistema inmunológico y sirven de precursores de la mayoría de los neurotransmisores; además, la leucina es el único aminoácido que el organismo puede utilizar como glucosa durante los periodos prolongados de ayuno, por lo que es una fuente alternativa de energía y contribuye a mantener estables los niveles de glucosa en la sangre. Se usan como transporte para otras sustancias en la circulación o para atravesar las membranas celulares; forman parte de muchas estructuras como la piel, los músculos, y los cartílagos; actúan como las hormonas y las enzimas, facilitando las miles de reacciones metabólicas que nuestro cuerpo realiza diariamente.

La cantidad recomendada de proteínas que debemos consumir todos los días, para los adultos de ambos sexos, y avalada por la Organización Mundial de la Salud, es de 0.8 gramos por kilogramo de peso corporal. Así, por ejemplo, una persona que pesa 70 kilos, debería ingerir 56 gramos de proteína cada día. Para que esto suceda, la proteína alimentaria deberá constituir entre 10 y 15 por ciento del consumo total de energía.

Sin embargo, los requerimientos varían en las distintas etapas de la vida. Durante el embarazo se necesitan proteínas adicionales para cubrir las demandas de la madre y las del producto de la concepción, lo cual se logra incrementando aproximadamente diez gramos la ingesta de proteínas diario. En cambio, durante la lactancia lo recomendable es hacerlo hasta 25 gramos diarios.

Los alimentos ricos en proteína se obtienen principalmente de la carne de animales o de sus productos como la leche y los huevos. La mayoría de los alimentos vegetales son relativamente pobres en proteína, con excepción de las leguminosas y los granos.

Las proteínas de origen animal poseen un perfil de aminoácidos esenciales mejor adaptado a nuestras necesidades. En
cambio, las de origen vegetal casi siempre presentan uno o más
aminoácidos esenciales en proporciones deficientes; por esto,
algunos autores las consideran proteínas de menor calidad, pero
se acepta que cada una de ellas nos proporcione el 50 por ciento
de los requerimientos diarios.

La proteína vegetal es digerida en menor grado que la proteína animal, en parte, porque está envuelta en paredes celulares de carbohidrato que dificultan su absorción en el intestino.
Algunas plantas contienen también enzimas que interfieren en
la digestión de la proteína. Por ejemplo, los granos de soya, incluyen una tripsinasa que inactiva a la tripsina, que es la principal enzima digestiva de proteína en el intestino. En nuestro
modelo alimentario, las proteínas las obtenemos, en su mayoría
de alimentos de origen animal como el pescado, la carne de pollo, la de res, huevos y productos lácteos. Asimismo, los cereales y las legumbres son los alimentos vegetales que contribuyen
en mayor medida al aporte proteínico total.

Entre los alimentos básicos existen algunos grupos cuya contribución al aporte de proteínas es muy escasa; es el caso de las
hortalizas, cuyo contenido de proteína es de apenas 1 a 3 por
ciento; o sea, entre 1 y 3 gramos de proteína por cada 100 gramos de alimento. Tratándose de frutas, los porcentajes son aún
menores, sin embargo, las frutas contienen muchísimos
nutrientes y fibra y superan con creces la deficiencia en su contenido proteico.

Así pues, los alimentos más abundantes en proteínas, y por lo
tanto los más recomendables para incluirlos en nuestra alimentación son: soya, queso manchego, lentejas, pescado, cacahuates,
carne magra de res y cerdo, carne de pollo, huevos, pan integral,
arroz y los productos lácteos.

Podemos decir que los alimentos de origen animal son los únicos que contienen colesterol, sus proteínas suelen ser más completas que las que nos ofrecen los alimentos vegetales. En cuanto a la grasa animal, es más saturada, con excepción de la carne de pescado. Carecen de carbohidratos y sólo ellos nos pueden proporcionar la vitamina B12.

El contenido proteínico de la leche entera, semidescremada o descremada, no varía, sólo el de grasa. En cuanto a las carnes, el pescado es preferible al pollo y éste a las carnes rojas, como fuentes de proteína. En general, las carnes blancas tienen menos grasa saturada y son mas sanas que las carnes de res y de cerdo.

Por su parte, los alimentos de origen vegetal son los únicos que contienen almidón, sus grasas son más insaturadas y por lo tanto, más saludables, o menos dañinas. Sólo ellos nos proporcionan los fitoquímicos y la tan benéfica fibra.

En cuanto a la ingesta de alimentos y su valor calórico, el peso del cuerpo está estrictamente determinado por el número de calorías ingerido y el número de calorías gastado. Esta situación puede dar lugar a uno de tres resultados: a) balance energético positivo, cuando la ingesta supera a las necesidades y el excedente se almacena en forma de grasa y, en consecuencia, sobreviene un aumento de peso; b) balance energético cero, en este caso, el aporte energético es igual al consumo, es decir, sólo lo que el cuerpo requiere, de esta manera el peso se mantiene estable, existe un equilibrio entre la energía que se ingiere y la que se gasta, y c) balance energético negativo, en esta situación, los aportes calóricos son inferiores a los requerimientos, lo que origina una pérdida de peso. Esta situación se puede presentar en personas con desnutrición, con enfermedades agudas o que siguen dietas muy rigurosas.

Vitaminas

Junto con los minerales, las vitaminas constituyen los micronutrimentos. Son un grupo (13) de sustancias orgánicas sin valor
energético propio, esenciales para el organismo en pequeñas
cantidades. Se dividen en dos grupos: las liposolubles o solubles en grasa (A, D. E y K) y las hidrosolubles o solubles en
agua (complejo B y la C).

Las vitaminas son un grupo de nutrientes (es decir, de sustancias químicas contenidas en los alimentos, capaces de des-
empeñar algunas funciones básicas de la nutrición) fundamentales para el correcto funcionamiento de nuestro cuerpo debido
a que participan en una gran variedad de procesos metabólicos.
El funcionamiento normal de nuestras células, tejidos y órganos depende de un aporte adecuado de las mismas.

La visión, la memoria, el impulso nervioso, la obtención de
energía, la inmunidad, el transporte de oxígeno, la formación
de los tejidos y la piel, la coagulación de la sangre, la calcificación de huesos y dientes, la elaboración de hormonas y la eliminación de sustancias tóxicas y de radicales libres, son sólo algunas de las funciones en las que las vitaminas desempeñan un
papel esencial.

Estos nutrientes se encuentran repartidos en una forma muy
desigual en los distintos alimentos. Por ejemplo, una fruta puede ser muy rica en una vitamina, pero, a la vez, muy pobre en
otras; de tal manera que no existe ningún alimento que por sí
mismo pueda aportar todas las vitaminas que nuestro cuerpo
requiere. Así, nuestra dieta debe contener una gran variedad de
alimentos.

Aunque por sí mismas no proporcionan energía al organismo, las vitaminas hacen posible que el cuerpo la extraiga de los
carbohidratos, las grasas y de los aminoácidos. Sin ellas, estos
macronutrientes no podrían cumplir con sus funciones.

Las vitaminas liposolubles tienden a absorberse y transportarse con las grasas de la alimentación; al final, son excretadas por las heces. En cambio, las vitaminas hidrosolubles son excretadas en la orina ya sea intactas o como metabolitos solubles en agua.

A continuación se describe en forma breve cada una de las trece vitaminas.

Vitamina A. También llamada retinol, es indispensable para mantener normal el tejido epitelial, para la visión; contribuye al desarrollo normal de huesos y dientes, fortalece al sistema inmunológico, es antioxidante e interviene en el crecimiento de los diversos tejidos en general.

Entre 50 y 80 por ciento de esta vitamina se almacena en el hígado desde donde puede movilizarse a los tejidos periféricos utilizando un transportador, la proteína fijadora de retinol.

Los requerimientos diarios son de 800 microgramos en la mujer y 1,000 para el hombre.

La vitamina A se encuentra abundantemente en varios alimentos: hígado de res, pescado, zanahoria, huevos, camote, melón chino, durazno, calabaza, naranja, manzana, chabacano y leche. No la destruye la cocción ni la refrigeración, en cambio es inhabilitada por la luz ultravioleta y por la oxidación. Su deficiencia es causa de ceguera nocturna, inmunodepresión y de alteración en las mucosas que revisten el sistema respiratorio, el tubo digestivo, el sistema urinario y el epitelio del ojo.

La ingestión de dosis muy altas y por tiempo prolongado de vitamina A puede rebasar la capacidad del hígado para almacenarla y causar intoxicación, la cual se manifiesta por descamación de la piel, las palmas de las manos se vuelven amarillas, pérdida de pelo, uñas quebradizas y hasta daño hepático.

Vitamina D. También conocida como Calciferol; es esencial para el crecimiento y desarrollo normales, influye en la absorción y el metabolismo del calcio y el fósforo para obtener huesos y dientes sanos. La podemos obtener de alimentos como los aceites de pescados, salmón, atún yema de huevo, hígado de res y leche fortificada.

Aproximadamente la mitad de los requerimientos diarios de esta vitamina los obtenemos de la luz solar a través de la piel, por lo que se recomienda tomar sol por lo menos durante 15 a 20 minutos diarios.

La vitamina D se almacena poco en el hígado; más bien, se encuentra en pequeños depósitos en la grasa de muchos tejidos. Los requerimientos diarios se han fijado entre 5 a 10 microgramos, tanto para hombres como para las mujeres. Su deficiencia en niños es causa de raquitismo (los huesos que soportan peso como la tibia, peroné, costillas, cúbito y radio se vuelven blandos y flexibles y no pueden soportar peso o tensión, lo que provoca la aparición de deformidades) y en los adultos de osteomalacia (enfermedad caracterizada por disminución en la densidad ósea, lo que causa la aparición de pseudofracturas y debilidad muscular).

El consumo excesivo de vitamina D puede ocasionar intoxicación, manifestada por un aumento del calcio sérico y del fósforo y calcificación de tejidos blandos.

Vitamina E o tocoferol. Es un potente antioxidante, desempeña un papel fundamental en el metabolismo normal de todas las células, protege a los fosfolípidos de membrana no saturados de la degradación oxidativa y de la nefasta acción de los radicales libres. De esta manera, la vitamina D es un componente muy importante del sistema de defensa antioxidante de las células en el que también intervienen otros factores enzi-

máticos como las dismutasas de superóxido, las *glutatión* peroxidasas, las reductasas de *glutatión*, catalasas y la reductasa de
tiorredoxina; muchas de las cuales dependen de otros nutrimentos esenciales como el selenio (también un potente antioxidante), cobre, zinc, manganeso y la riboflavina (vitamina B_2).

Asimismo la vitamina E favorece la síntesis de prostaglandinas
y protege los glóbulos rojos de la hemólisis.

A diferencia de la vitamina D, la E es producida casi exclusivamente por vegetales. Sus principales fuentes son germen de
trigo, aceites vegetales, aguacate, verduras de hoja verde, nueces, frijoles, chabacanos, grasa de la leche, yema de huevo y la
carne de pollo que la contiene en pequeñas cantidades.

Los requerimientos diarios son de 8 a 10 miligramos. Es muy
poco tóxica, pero, a dosis muy altas antagoniza la utilización de
otras vitaminas liposolubles.

Es muy estable al calor y a los ácidos; sin embargo, se destruye con las grasas rancias, álcalis, sales de plomo y por la luz ultravioleta.

Vitamina K o Menadiona. Realiza funciones fundamentales en el proceso de coagulación de la sangre y en la formación
de los huesos. Se deposita en muy pequeñas cantidades en diversos tejidos y en el hígado. Los requerimientos diarios son de
80 microgramos, la mitad de los cuales, aproximadamente, son
producidos por la microflora bacteriana intestinal; el otro 50
por ciento restante lo podemos obtener de vegetales como el
brócoli, col, lechuga, papa, espinaca, aceite de soya, germen de
trigo y acelgas así como en el hígado de res, la carne de cerdo, el
huevo y la leche.

La vitamina K. Es muy resistente a la cocción, aunque puede
ser destruida por los álcalis y la luz ultravioleta. A dosis muy
altas, es tóxica y su deficiencia casi siempre se manifiesta con
hemorragias.

En lo que a las vitaminas hidrosolubles se refiere, este grupo lo integran el complejo B y la vitamina C. En el organismo funcionan como cofactores esenciales. La mayor parte de estas vitaminas tienden a no almacenarse, por lo que es necesario su consumo diario.

Las vitaminas del complejo B (8) desempeñan un papel fundamental en los procesos metabólicos celulares.

Vitamina B_1 o Tiamina. Es fundamental para el metabolismo de los carbohidratos y para la transmisión nerviosa. Se absorbe en la parte alta del intestino delgado y ya en la circulación es transportada por los glóbulos rojos hacia los tejidos que la requieran.

Los alimentos que mayor aporte de vitamina B_1 nos proporcionan son: cereales, levadura de cerveza, gérmen de trigo, hígado, carne de res, semillas de girasol, lentejas, frijoles, frutos secos, jitomate, leche, pollo, huevo, lechuga y pan integral.

Los requerimientos diarios que el cuerpo tiene de esta vitamina son de 1.2 miligramos. El déficit de vitamina B_1 puede causar una enfermedad llamada Beriberi cuyos síntomas incluyen confusión mental, disminución de la masa muscular, hinchazón, neuropatía periférica, taquicardia y cardiomegalia (aumento del tamaño del corazón). En la actualidad, este padecimiento es muy raro.

La vitamina B_1 es poco tóxica; sin embargo, en dosis muy altas puede ocasionar dolor de cabeza, debilidad muscular, mareo, vómito, arritmias cardiacas, reacciones alérgicas y hasta convulsiones en individuos susceptibles.

Vitamina B_2 o Riboflavina. Es esencial para el metabolismo de los hidratos de carbono, proteínas y grasas y es de gran ayuda para la protección antioxidante, el crecimiento y en la reparación de los tejidos. Es transportada por la albúmina en el plasma, después de haber sido absorbida en la parte próxima del intestino delgado.

La principal fuente de vitamina B_2 es el hígado de res, pero también se encuentra en buenas cantidades en la levadura de cerveza, leche, yogurt, yema de huevo, pescado, queso, espinacas, pollo, germen de trigo y pan integral. La cantidad que el organismo necesita son 1.3 miligramos de esta vitamina. Es muy poco tóxica.

Vitamina B_3, niacina, ácido nicotínico. Es primordial para el metabolismo de los carbohidratos, grasas y proteínas; para la reparación de los tejidos; para la formación de ácidos biliares de algunas hormonas, y para la síntesis de la vitamina D. Los requerimientos del organismo son de 16 miligramos. Sus principales fuentes son carne magra, pescado, pollo, cacahuates, queso, cereales, legumbres, zanahoria, durazno, papa, leche y huevo. Su deficiencia provoca una enfermedad llamada Pelagra, caracterizada por dermatitis, demencia, temblores y lengua adolorida. En cambio, la hipervitaminosis puede causar daño hepático.

Vitamina B_5 o ácido pantoténico. Es indispensable para el metabolismo de los carbohidratos, ácidos grasos y proteínas y para la síntesis de colesterol y fosfolípidos. Cinco miligramos por día se considera un consumo adecuado. Las mejores fuentes para esta vitamina incluyen hígado de res, pollo, leche, salmón, brócoli, papaya, cacahuates, fresas, pan integral, huevo, camote, aguacate, cereales integrales y soya. Es muy poco tóxica para el organismo.

Vitamina B_6 o piridoxina. Interviene en la síntesis de aminoácidos y de ácidos grasos insaturados; es esencial para la conversión de triptófano en niacina, para el metabolismo de los neurotransmisores, para la liberación de glucosa del glucógeno (recuérdese que es la forma de almacenarse de la glucosa en el hígado y en el músculo), para la biosíntesis de esfingolípidos en las vainas de mielina de las neuronas y para el crecimiento normal. Se absorbe de los alimentos en la parte alta del intestino delgado y se almacena en pequeñas cantidades en hígado, riñones, cerebro y bazo.

Las necesidades diarias de vitamina B_6 son de 1.5 miligramos. Las fuentes más importantes son hígado de res, harina de avena, plátano, pollo, nueces, papas, aguacate, pescado, arroz integral, leche, huevo, leguminosas y carne de res. Una pequeña parte se sintetiza por la flora bacteriana intestinal. Es muy estable al calor, a la luz y a la oxidación.

Vitamina B_8 o biotina. Es un componente básico de las enzimas; interviene en el metabolismo de las grasas y proteínas y en la formación de glucosa. Los requerimientos diarios son de 30 microgramos. Se halla en forma abundante en los siguientes alimentos: hígado, levadura de cerveza, cacahuates, carne de res, yema de huevo, plátano, toronja, jitomate, sandía, fresa, pescado y en la mayoría de las verduras. Parte de esta vitamina se produce por la microflora bacteriana en el intestino, por lo que los casos de déficit son muy raros.

Vitamina B_9 o ácido fólico. También se le llama folato por su abundancia en el follaje de las plantas. Es esencial para la síntesis de los ácidos nucleicos, para la conversión de histidina en ácido glutámico y de homocisteína (un aminoácido al que cada vez se le relaciona más con las enfermedades cardiovasculares) en metionina. Para que se realice esta última conversión se requiere también de la presencia de la vitamina B_{12}.

Asimismo, el ácido fólico es necesario para la formación del grupo hemo de la hemoglobina. Es indispensable en el desarrollo fetal temprano, para la maduración normal de los glóbulos rojos y blancos.

Las necesidades diarias de esta vitamina son de 400 microgramos. La podemos encontrar en una gran diversidad de alimentos, de los cuales los más importantes son: hígado de res, espinaca, brócoli. lechuga, germen de trigo, naranja, lentejas, plátano, frutos secos, pan integral, papas, pescado, huevo, frijoles, garbanzos, col, levadura de cerveza y carne de res magra. Una pequeña parte es producida en el intestino por la flora bacteriana.

La vitamina B_9 se absorbe en la parte proximal del intestino delgado, de ahí pasa a la circulación y parte de ella se almacena en el hígado. Su deficiencia causa alteraciones en la síntesis de los ácidos nucleicos, reduciendo así la división celular. Esta alteración es más notoria en células con índices de multiplicación rápida como sucede con los glóbulos rojos y blancos y se manifiesta clínicamente con anemia, lesiones dermatológicas, debilidad general, depresión y polineuropatía. Su déficit es muy delicado en mujeres embarazadas ya que puede causar defectos en el tubo neural del producto. Los suplementos de ácido fólico previenen hasta en un 50 por ciento esa afección.

Vitamina B_{12} o Cobalamina. Es básica para la síntesis de ácidos nucleicos y nucleoproteínas. Desempeña un papel fundamental en el metabolismo del tejido nervioso; participa en el metabolismo del ácido fólico y ayuda al crecimiento normal.

Las necesidades diarias del organismo son de 2.4 microgramos de vitamina B_{12}. Una pequeña cantidad de esta vitamina es elaborada por la flora bacteriana intestinal, pero no se absorbe, de tal modo que debe obtenerse de alimentos como los siguientes:

hígado de res, riñón, almejas, ostiones, atún, carne magra de res, carne de cerdo, huevo, leche y productos lácteos, y pollo. Los vegetarianos que no comen derivados de animales como el huevo y la leche deben consumir suplementos para no caer en hipovitaminosis ya que esta vitamina no se encuentra en vegetales (la soya la contiene, pero en cantidades insignificantes).

Tras su absorción en la parte alta del intestino delgado la vitamina B_{12} circula unida a proteínas plasmáticas y se deposita sobre todo en el hígado.

La deficiencia de B_{12} produce graves alteraciones en la división celular, en especial, en las células con división rápida de la médula ósea y de la mucosa intestinal, lo que origina anemia megaloblástica y neuropatía periférica progresiva.

Vitamina C o ácido ascórbico. Es un potente antioxidante, interviene en forma muy activa en la formación de colágena y, por lo mismo, en el proceso de cicatrización de las heridas; además, la colágena es una proteína de la que depende la integridad de tejidos fibrosos como el cartílago, tendones, matriz ósea, músculo y piel.

La vitamina C es esencial para la oxidación de fenilalanina y tirosina y para la conversión del triptófano en serotonina, así como para la formación de norepinefrina a partir de la dopamina. Favorece la resistencia a las infecciones, la absorción del hierro y protege la función pulmonar. Los requerimientos diarios son de 60 miligramos. En fumadores empedernidos las demandas aumentan, por lo que se les recomienda 100 miligramos por día.

Las principales fuentes de ácido ascórbico son naranja, toronja, limón, piña, guayaba, fresa, melón chino, papaya, jitomate, sandía, brócoli, col, coliflor, espinaca, camote, papa, kiwi y arándano. Se conserva muy bien en refrigeración, pero es destruido por la cocción, por el bicarbonato de sodio, la oxidación y el almacenamiento.

Su deficiencia causa alteración en la cicatrización de las heridas, hinchazón, sangrados y debilidades en huesos, cartílagos, dientes y tejidos conjuntivos. Además, provoca una enfermedad llamada escorbuto caracterizada por encías hinchadas y sangrantes y, por la pérdida de las piezas dentales. Su consumo insuficiente también causa fatiga, dolores reumáticos, atrofia muscular, lesiones en la piel y depresión.

Aunque es poco tóxica, su ingestión en grandes dosis y por tiempo prolongado, la vitamina C ocasiona trastornos gastrointestinales y diarrea y en personas susceptibles puede originar la formación de cálculos renales de oxalato (producto catabólico de la vitamina C). El ácido ascórbico excesivo que se elimina en la orina puede dar una prueba falsa positiva para la glucosa urinaria.

Minerales

Los minerales integran un grupo de 16 elementos. A diferencia de las vitaminas que son sustancias orgánicas, los minerales son sustancias inorgánicas.

De acuerdo con los requerimientos diarios, los minerales se dividen en tres grupos: *macrominerales*, son los que el organismo requiere en cantidades de 100 miligramos o más, por día; es decir, en grandes cantidades. En este grupo se incluye al calcio, fósforo, magnesio, sodio, cloro y potasio. *microminerales* (oligoelementos), son minerales que el cuerpo necesita en cantidades menores a los 100 miligramos al día, o sea, en cantidades de algunos miligramos, tal es el caso del hierro, zinc, cobre, flúor y cobalto. *Ultraoligoelementos*, son los minerales que se requieren cada día en cantidades aún menores (microgramos): yodo, manganeso, molibdeno, selenio y cromo.

Los minerales representan entre 4 y 5 por ciento del peso corporal. La mitad de ese peso es calcio que, con mucho, es el mineral más abundante en el cuerpo; 25 por ciento es fósforo y todos los demás minerales, en su conjunto, representan el otro 25 por ciento.

Los minerales desempeñan muchas funciones esenciales, ya sea como iones disueltos en los líquidos corporales o como constituyentes de moléculas vitales.

Los iones minerales en los líquidos corporales regulan la actividad de muchas enzimas, mantienen el equilibrio ácido-base, facilitan el transporte por medio de la membrana celular de nutrientes y mantienen la excitabilidad nerviosa y muscular. Además de actuar como reguladores metabólicos, funcionan como sustancias estructurales.

A continuación, de modo muy breve, se describen las funciones de cada uno de los minerales.

Calcio. Como ya se mencionó, es el mineral más abundante en el organismo, por sí solo constituye 39 por ciento de los minerales totales del organismo. Casi todo este mineral lo encontramos en los huesos y dientes, y sólo alrededor de 1 por ciento está presente en la sangre y en los líquidos intra y extracelulares donde regulan muchas y variadas funciones importantes.

A diferencia de los dientes, los huesos no son sólo un almacén de calcio, son un tejido dinámico que regresa el calcio y otros minerales almacenados a la sangre y a los líquidos extracelulares para que sean utilizados por otros tejidos, según sean sus necesidades y, viceversa, los huesos captan el calcio de la dieta, que una vez absorbido pasó a la circulación.

En la vejez, la retención del calcio por el hueso disminuye a no ser que se consuma junto con vitamina D.

Los requerimientos diarios van de 1,000 a 1,200 miligramos. Para mujeres que están en la etapa de la menopausia o que ya la pasaron se recomiendan hasta 1,500 miligramos diarios de calcio.

El calcio se halla en buenas cantidades en una gran variedad de alimentos. Sus principales fuentes son (en orden decreciente): yogurt, leche, queso, salmón, sardina, ostiones, espinaca, soya, almendras, frijoles, lentejas, naranja, pescado, brócoli, pan de trigo, harina de avena, pollo, plátano y carne de res magra. se puede absorber a lo largo de todo el intestino delgado, pero la absorción más rápida después de una comida que lo contenga ocurre en el duodeno que es la primera porción del intestino. En la parte restante del intestino, la absorción es más lenta debido a que prevalece un medio alcalino. En total, por lo general se absorbe sólo 30 por ciento del calcio ingerido, a no ser que se complemente con vitamina D. Está comprobado que esta vitamina aumenta la captación del calcio y que estimula la producción de proteínas fijadoras de calcio llamadas calbindinas.

Como se señaló, la absorción más rápida de este mineral se efectúa en el duodeno, pero la zona de mayor absorción se localiza en la mitad inferior del intestino delgado, es decir, en el yeyuno e íleon. De hecho, el calcio también puede absorberse en el colon, sólo que lo hace en cantidades muy pequeñas.

Cuanto mayores sean las necesidades (embarazo, lactancia, crecimiento y ejercicio) y más pequeño el aporte alimentario, tanto más eficiente será la absorción. La absorción se ve afectada cuando, por ejemplo en ancianos, la exposición a la luz solar es nula o muy poca o cuando en la dieta se incluye un exceso de fibra (más de 30 o 40 gramos al día).

La mayor parte del calcio no utilizado se excreta por la orina, aunque eso es muy variable; por ejemplo, en las etapas de crecimiento óseo rápido, durante el embarazo, lactancia y con el ejercicio intenso, la cantidad excretada disminuye debido a que su demanda aumenta. En cambio, en la menopausia, con la inmovilidad física y con la ingesta excesiva de café, la excreción aumenta.

Asimismo, una pequeña cantidad de calcio se excreta con el sudor y mediante la exfoliación de la piel. Lógicamente, tras una actividad física fuerte, acompañada de una sudoración profusa, la excreción por esta vía se incrementa.

Los niveles de calcio en suero se mantienen estables en 10 miligramos por cada 100 mililitros de sangre; esto se logra porque el calcio en sangre está en equilibrio con el calcio de los huesos. La hormona paratiroidea desempeña un papel primordial ya que regula la transferencia de calcio del hueso a la sangre y viceversa.

Por lo general, los niveles de calcio sérico son más altos en las primeras etapas de la vida y declinan conforme va aumentando la edad, de tal forma que en la senectud se presentan los niveles más bajos.

Además de su importancia en la estructuración y el mantenimiento de huesos y dientes, el calcio desempeña muchas e indispensables funciones metabólicas en las células de todos los tejidos e interviene en la transmisión nerviosa, en la contracción muscular, regula el músculo cardiaco, mantiene el tono muscular y participa en el proceso de cicatrización, favoreciendo la formación del coágulo.

La deficiencia de calcio puede causar varios trastornos siendo el más importante, por su creciente frecuencia, la osteoporosis, enfermedad que analizaremos con más detalle en otro apartado.

Aunque el calcio es poco tóxico, las dosis de 3,000 miligramos diarias y durante tiempo prolongado pueden provocar la calcificación de los tejidos blandos, en especial, en los riñones. Asimismo, pueden originar estreñimiento, litiasis renal e interferir con la absorción del cobre, hierro, manganeso y zinc.

Fósforo. Ocupa el segundo lugar, después del calcio, en abundancia en el cuerpo. Casi 80 por ciento se encuentra distribuido en los huesos y en los dientes. Participa, además, en el funcionamiento correcto de los ácidos nucleicos, es decir, el ADN y el ARN, en la producción de energía es parte integral de los fosfolípidos y, junto con el calcio, forma hidroxiapatita, la principal molécula inorgánica de huesos y dientes.

El organismo los requiere diariamente en una proporción de 700 miligramos y se halla ampliamente distribuido en una gran variedad de alimentos. Las principales fuentes de fósforo son: carne magra de res, pescado, huevo, leche, queso, yogurt, almendras, lentejas, harina de avena, soya, frijoles, pan integral, papa, coliflor y naranja. Se excreta por vía urinaria.

La deficiencia de fósforo es muy rara debido a su disponibilidad en una gran variedad de alimentos, incluyendo los procesados.

Magnesio. Se encuentra distribuido en los huesos (60 por ciento), músculos (26 por ciento) y en tejidos blandos y líquidos corporales. Su homeostasis es controlada por la absorción intestinal y por la excreción renal.

Las necesidades diarias de fósforo para el organismo son de 400 miligramos y, prácticamente, no existe problema para obtenerlo de una gran variedad de alimentos, entre los cuales se incluyen: soya, leche, frijoles, germen de trigo, pescado, acelgas, cacahuates, nueces, espinacas, pan de trigo, pollo, huevo, carne de res magra y frutas. Se absorbe a todo lo largo del intestino delgado, sobre todo en el yeyuno y no se ha identificado plenamente ningún sistema homeostático que regule al magnesio en el suero. El control del equilibrio del magnesio está determinado fundamentalmente por los riñones, que aumentan su excreción cuando se incrementan los niveles en suero y disminuye su eliminación cuando el magnesio sérico se encuentra bajo.

El magnesio funciona como un activador de muchas enzimas; por lo tanto, influye en casi todos los procesos corporales: en la síntesis de proteínas y ácidos grasos, en la fosforilación de la glucosa y desempeña una función importante en la transmisión y actividad neuromuscular. Recientemente se le ha dado en llamar "el gran relajador de la naturaleza" ya que relaja y expande los vasos sanguíneos, detiene los calambres musculares, previene la inflamación y permite que la energía sea utilizada de una manera más eficiente.

En nuestro medio, la deficiencia de este mineral es rara. Cuando se presenta puede causar temblores, espasmos musculares, cambios en la personalidad, anorexia, náuseas, vómito y convulsiones.

A últimas fechas se ha relacionado un déficit de magnesio con enfermedades como las arritmias, infarto agudo al miocardio e hipertensión arterial. Se ha comprobado que el empleo de magnesio en personas que han sufrido infartos disminuye de manera considerable el riesgo de morir.

Un estudio reciente realizado por el *British Medical Journal* en pacientes hipertensos reveló que el magnesio puede hacer descender la presión arterial hasta en 80 milímetros de mercurio.

Los suplementos de magnesio disminuyen y previenen los calambres y la fatiga muscular en los atletas. También, se ha comprobado su eficacia en el tratamiento de la artritis, el asma, la diabetes, migraña y la fatiga crónica.

Por otro lado, el exceso de magnesio puede inhibir la calcificación de los huesos, por lo que puede ocasionar, en forma indirecta osteoporosis. Cuando proviene de la dieta o de suplementos, el magnesio rara vez causa toxicidad.

Sodio, potasio y cloro. Son los llamados electrolitos, se les analiza en su conjunto porque están íntimamente relacionados y se regulan entre sí. El potasio aporta 5 por ciento del contenido mineral total del cuerpo; el cloro, 3 por ciento y el sodio, 2 por ciento. Se encuentran ampliamente distribuidos, como iones, en todos los líquidos intra y extracelulares. El cloro y el sodio se hallan sobre todo en los líquidos extracelulares y el potasio en el líquido intracelular.

Además de participar en otras funciones, los electrolitos intervienen en el equilibrio del agua, el osmótico, en el equilibrio ácido-base y en los gradientes de potencial eléctrico a través de las membranas de todas las células.

Los tres elementos se absorben en el intestino delgado y se eliminan por la orina, las heces y la sudoración.

Los requerimientos diarios de electrolitos para el organismo son de 500 a 3,000 miligramos para el sodio; de 750 a 3,000 miligramos para el cloro, y de 2,000 miligramos para el potasio.

Las principales fuentes de sodio se encuentran en la sal de cocina, los mariscos, la carne magra de res, el pollo, la leche, el huevo y en muchos otros alimentos. Las frutas no lo contienen o lo presentan en muy poca cantidad.

El cloro se halla en forma más abundante en la sal de cocina (cloruro de sodio), mariscos, leche, carne y huevos. Por su parte, el potasio se encuentra en varias frutas como el plátano, naranja y piña y en las verduras, la leche, la carne, los cereales, las lentejas y los frijoles.

Mientras que la falta de potasio debido a que mucha gente no come frutas ni verduras. Se asocia con hipertensión arterial y osteoporosis, el exceso en el consumo de sodio se relaciona con hipertensión y osteoporosis y con el aumento en la excreción urinaria del calcio ya que los riñones reabsorben preferentemente al sodio.

Hierro. Integra el grupo de los microminerales u oligoelementos, es un componente fundamental de la hemoglobina y de la mioglobina. Desempeña una función esencial en el transporte de oxígeno, también se encuentra en la transferina sérica y en algunas enzimas. Participa en las funciones de oxidación y de reducción, interviene en el proceso de la respiración celular, en la función inmunitaria y en el rendimiento cognitivo debido a que las células cerebrales necesitan hierro para su funcionamiento normal. Se ha detectado bajo rendimiento escolar en niños con deficiencias de hierro.

El requerimiento diario de hierro para el organismo es de 10 miligramos para los hombres y mujeres posmenopáusicas y de 15 miligramos para las mujeres en edad reproductiva.

El hierro se encuentra en gran variedad de alimentos, aunque la mejor fuente es el hígado; le siguen los ostiones, mariscos, riñón, carne magra de res, pescado y pollo. Las mejores fuentes vegetales incluyen los frijoles, lentejas y vegetales de hoja verde. Otros alimentos también lo contienen aunque en poca cantidad: yema de huevo, frutos secos, pan integral, cereales, papa, chabacanos, chícharos y la leche y el maíz. A ello se debe que las culturas que tienen a este último como base alimentaria cuenten con altos índices de anemia ferropénica que es la enfermedad por déficit nutricional más común en el mundo.

En el lactante y la adolescencia se presentan las mayores demandas de este mineral así como durante el embarazo. El recién nacido posee una reserva de hierro que le dura aproximadamente seis meses.

El hierro se absorbe en el intestino delgado y el excedente, o el que no se absorbió, se excreta por las heces, la sudoración y la exfoliación de la piel. La absorción se ve favorecida por la vitamina C, algunos azúcares, los aminoácidos que contienen sulfuro y las proteínas de la carne de res, cerdo, hígado, pescado y pollo (el factor cárnico). Asimismo favorece su absorción el medio ácido del estómago; en cambio, la aclorhidria o la administración de sustancias alcalinas, como los antiácidos, interfieren en su absorción al igual que los alimentos con alto contenido de fitatos y oxalatos y los taninos del té.

Aunque el contenido de hierro en la leche humana es bajo, se caracteriza por una gran biodisponibilidad y el lactante lo absorbe muy bien, mucho mejor que el de la leche de vaca y el de las fórmulas lácteas. Esto se debe a que la leche humana contiene una enzima llamada lactoferrina que intensifica su absorción.

El 30 por ciento de las reservas orgánicas de hierro se ubican en el hígado, otro 30 por ciento está presente en la médula ósea y el restante 40 por ciento se encuentra en el bazo y en los músculos.

El exceso de hierro puede provocar una enfermedad llamada hemocromatosis, la cual en la actualidad es muy rara. En cambio, estudios recientes han vinculado al exceso de hierro con enfermedad cardiovascular y la aparición de cáncer.

Un consumo exagerado de hierro favorece la oxidación del colesterol de baja densidad (también llamado colesterol malo) y, por lo tanto, el daño arterial, provocando con ello daño cardiovascular. Por otro lado, el exceso de hierro ayuda a generar cantidades altas de radicales libres que atacan a las células causando mutaciones y posteriormente cáncer.

Zinc. Es un componente de muchas enzimas y de la insulina. Interviene en el metabolismo de los ácidos nucleicos, en la estabilización de la estructura de muchas proteínas y del sistema inmunitario.

Las necesidades diarias para el organismo son de 15 miligramos de zinc. La manera más fácilmente de obtenerlo es por medio de la carne, sobre todo en la roja y en el pollo, pero existen otras fuentes: ostiones, germen de trigo, frijoles, queso, cacahuates, arroz, nuez, leche, huevo, salmón, soya y pan integral.

La absorción del zinc se realiza en el intestino delgado y se ve favorecida por la glucosa o la lactosa, con la proteína de soya y otras y con el vino tinto de mesa. Como ocurre con el hierro, el zinc de la leche humana se absorbe mejor que el de la leche de vaca. Una vez en la sangre, el zinc es transportado por la albúmina y de ahí es llevado a las células. Por último, se excreta por las heces, aunque también, en pequeñas cantidades, por la orina, en especial en pacientes con nefrosis, alcohólicos, diabéticos y cirróticos.

Los casos de deficiencia son raros y se caracterizan por retardo del crecimiento, anemia, hipogonadismo, retardo en la cicatrización de las heridas, ceguera nocturna y alteraciones en la piel. Por otra parte, el exceso de zinc, también muy raro, puede ocasionar disminución del colesterol de alta densidad (colesterol bueno), disminución en la absorción del cobre y alteraciones del sistema nervioso central.

Flúor. Se encuentra de manera natural en casi todas las aguas potables, aunque de forma muy variable. Es necesario para la salud de huesos y dientes a los que les confiere alta protección contra la caries.

Las necesidades diarias del organismo son de 4 miligramos de flúor y se le halla en el agua, los mariscos y el pescado. Otras fuentes menos importantes son el hígado de res, las frutas, las verduras, el pollo y el té.

Cobre. Es un componente de muchas enzimas, interviene en la producción de energía, protege contra la oxidación y radicales libres y favorece la síntesis de melanina y de catecolaminas.

Los requerimientos diarios de cobre son de 1.5 a 3 miligramos y lo podemos obtener de alimentos como hígado, frijoles negros, semillas de girasol, lentejas, soya, pan de trigo, ostiones, chocolate, nueces, cereales y frutos secos.

El cobre se absorbe en el intestino delgado. Una vez en la circulación, tiende a depositarse en el hígado, riñones, corazón y músculos. Su deficiencia puede causar anemia, desmineralización ósea, despigmentación del pelo y de la piel y degeneración cerebral.

Yodo. Es indispensable para el correcto funcionamiento de la glándula tiroides donde se deposita y se utiliza para la síntesis de las hormonas tiroideas.

El organismo requiere 150 microgramos diarios de yodo el cual se puede obtener de alimentos como la sal yodada, camarones, huevo, pan, queso, pescado, sardinas, ostiones, almejas, carne de res y el agua potable.

La deficiencia de yodo prácticamente se ha erradicado en todo el mundo con la yodación de la sal de cocina; sin embargo, con alguna frecuencia se siguen observando casos de bocio (enfermedad causada por una deficiencia del mineral), que se caracteriza por el crecimiento de la glándula tiroides. La deficiencia, además de presentarse por un bajo consumo, puede originarse por ingerir un exceso de los llamados alimentos bociógenos, es decir, que pueden originar un bocio. En ese tipo de alimentos se incluye al nabo, col y cacahuates, mandioca y a la soya. Los bociógenos se inactivan con la cocción.

La deficiencia grave de yodo durante el embarazo puede causar otro problema muy grave en el lactante: el cretinismo, un síndrome que se caracteriza por retraso mental, estatura corta, dificultad para articular las palabras, hipotiroidismo y alteraciones en la marcha.

Selenio. Interviene en el metabolismo de las grasas y de la vitamina E. Es uno de los antioxidante más potentes y un auténtico "barrendero" de los daniños radicales libres.

Las necesidades diarias del organismo son de 70 microgramos de selenio. Sus principales fuentes son nueces, pescado, mariscos, hígado y carne de res, pollo, germen de trigo, semillas de girasol, granola, pan de trigo, huevo, leche y queso.

Los efectos antioxidantes del selenio se refuerzan con la vitamina E, ayudando así a mantener las células sanas.

Las deficiencias de este mineral son muy raras debido a que muchos alimentos vienen fortificados con selenio. No obstante, si en las regiones de donde se extraen los cultivos existe un bajo contenido del mineral en el suelo, el contenido de selenio en éstos también será escaso.

La toxicidad por el exceso en su consumo es muy rara y se presenta con alteraciones en la piel, caries dental y anormalidades neurológicas.

Manganeso. Es un componente de muchas enzimas, interviene en la formación de los tejidos conectivo y óseo. Además, participa de manera activa en el crecimiento, la reproducción y en el metabolismo de los carbohidratos y las grasas.

Los requerimientos diarios para el organismo de este mineral son de 2.5 a 5 microgramos. Los siguientes alimentos contienen manganeso en grandes proporciones: lentejas, frijoles, garbanzos, granos enteros, té, frutas, verduras de hoja verde, pescado y mariscos.

Aunque es poco común que se manifieste, la deficiencia de manganeso puede provocar disminución del peso corporal, dermatitis, cambios en el color del cabello y náuseas.

Cromo. Interviene en el metabolismo de las grasas, proteínas y, fundamentalmente, en el metabolismo de la glucosa;

refuerza la acción de la insulina y disminuye la concentración de triglicéridos en personas diabéticas.

Las mejores fuentes de cromo son levadura de cerveza, ostiones, hígado de res y papas. Los mariscos, pescado, granos enteros, quesos, pollo, carne de res, salvado, leche, las frutas y las verduras, lo contienen en menor cantidad. Lo que el cuerpo requiere diariamente de este mineral son de 50 a 200 microgramos.

La deficiencia de cromo origina entre otros trastornos, una resistencia a la insulina. En múltiples estudios se ha encontrado disminución de cromo en personas que son diabéticas.

Molibdeno. es un componente esencial de muchas enzimas y de las flavoproteínas.

Las necesidades del organismo por día son de 2.5 a 5 microgramos de molibdeno. Los siguientes alimentos son buenas fuentes de este mineral: frijoles, lentejas, cereales, vegetales de hoja verde, leche y productos lácteos.

Boro. forma parte de las membranas celulares; lo podemos encontrar ampliamente distribuido en las frutas, excepto las cítricas, las verduras, nueces y en la levadura de cerveza.

Su deficiencia afecta sobre todo al cerebro y al tejido óseo, por lo que puede ser causa, junto con otros factores, de osteoporosis.

Cobalto. es un componente esencial de la vitamina B_{12}, por lo que está íntimamente ligado a ella tanto en estructura como en funciones.

Al igual que la B_{12}, las fuentes de cobalto son de origen animal: hígado, riñón, ostiones, almejas, pollo y leche.

Puede haber una deficiencia de este mineral sólo si existe un déficit de vitamina B_{12} y si lo hay, los trastornos que provoca son los mismos que en el caso de dicha vitamina.

Requerimientos diarios
de las diferentes vitaminas

Vitaminas y ácido fólico

	Edad	Peso	Proteína	A	D	E	C	B1	B2	B3	B6	Fólico	B12
		kg	g	µg	µg	mg	mg	mg	mg	mg	mg	µg	µg
lactantes	6 m	6	2.2xkg	420	10	3	35	0.3	0.4	6	0.3	30	0.5
	1 año	9	2xkg	400	10	4	35	0.5	0.6	8	0.6	45	1.5
niños	1 a 6	13-20	23-30	400	10	5	45	0.7	0.8	9	0.9	100	2
	6 a 10	30	34	700	10	7	45	1.2	1.4	16	1.6	300	3
varones	11 a 18	45-60	45	1000	10	8	50	1.4	1.6	18	1.8	400	3
	+18	70	56	1000	6	10	60	1.2	1.4	16	2.2	400	3
mujeres	11 a 15	45	46	800	10	8	50	1.1	1.3	15	1.8	400	3
	+15	55	44	800	6	8	60	1	1.2	13	2	400	3

Principales fuentes
de las diferentes vitaminas

Vitamina A	Hígado de pescado, de buey, de ternera y de cerdo. Espinacas, zanahorias, brócoli, chicoria, calabaza amarilla, maíz amarillo. Levaduras, mantequilla, quesos. Albaricoque, caquis, melocotón y melón.
Vitamina B1	Levadura, carne de cerdo, legumbres secas, pan integral, yema de huevo, harina de maíz, cacahuetes, nueces.
Vitamina B2	Hígado de cerdo, de ternera, de buey. Quesos, jamón crudo, setas frescas, carne, huevos, almendras, pescado, leche y legumbres.
Vitamina B6	Levadura, harina integral, huevos, hígado, pescado, carne con nervio. Semillas de cacahuete, de soja. Patatas, espinacas y legumbres.
Vitamina B12	Hígado, riñones (especialmente crudos), pescados, huevos, quesos fermentados.
BIOTINA12	Levadura, hígado, riñones, yema de huevo, leche.
Vitamina C	Naranjas, limones, mandarinas, tomates, berzas, pimientos, patatas, perejil, nabos, espinacas, fresas y melones.
Vitamina D	Aceite de hígado de pescado, pescado de mar, yema de huevo, leche y derivados.
Vitamina E	Aceite de semillas, de grano, de maíz, de girasol. Espinacas, lechuga, hojas verdes en general y yema de huevo.
Ácido Fólico	Copos de maíz, espinacas, hígado, plátanos, almendras, cacahuetes naranjas, tomates, leche, huevos, patatas y albaricoques.

Vitamina K	**Hojas verdes, espinacas, coles, tomates, guisantes, hígado de buey, huevos.**
Vitamina P	**Agrios (especialmente la corteza), pimientos, tomates, uvas, albaricoques, trigo morisco.**
Vitamina PP	**Hígado, carnes en general, pescado, arroz, pan integral, setas frescas, dátiles, melocotones y almendras.**
Ácido Pantotéico	**Hígado y riñones de buey (especialmente crudos), cáscara de cereales, huevo crudo, coliflor, verduras verdes y leche.**

Requerimientos diarios de los diferentes minerales

Minerales principales

	Edad	Peso	Proteína	Ca	P	Mg	Fe	Zn	I
		kg	g	mg	mg	mg	mg	mg	mg
Lactantes	6 m	6	2.2xkg	360	240	50	10	3	40
	1 año	9	2xkg	540	360	70	15	5	50
Niños	1 a 6	13-20	23-30	800	800	150	15	10	70
	6 a 10	30	34	800	800	250	10	10	120
Varones	11 a 18	45-60	45	1200	1200	350	18	15	150
	+18	70	56	800	800	350	10	15	150
Mujeres	11 a 15	45	46	1200	1200	300	18	15	150
	+15	55	44	800	800	300	10	15	150

2

Las frutas y las verduras

Los fitonutrientes

Como ya se mencionó, en la actualidad los altos índices de enfermedades cardiovasculares, diabetes, hipertensión arterial, cáncer y de otras enfermedades incapacitantes se originan en gran medida debido a la pésima forma que hemos adoptado de alimentarnos. Nuestra dieta actual la componen *hot-dogs*, hamburguesas, sopas instantáneas, pizza y otros alimentos "chatarra" que sacian nuestro apetito pero que nos nutren muy poco.

Si a lo anterior agregamos malos hábitos como el fumar, el abuso de las bebidas embriagantes, el exceso de café, la falta de práctica del ejercicio físico y el estrés, tendremos mayores probabilidades de contraer cualquiera de las enfermedades señaladas. Por desgracia, ése es el modelo de vida actual; así, situaciones que antes eran raras (como los infartos en jóvenes de 25 años de edad, hipertensión arterial en la juventud, aumentos alarmantes en la incidencia del cáncer y de la obesidad), ahora son comunes.

Asimismo, los malos hábitos alimenticios nos conducen a la subnutrición; es decir, "quedarle a deber" a nuestro organismo los nutrientes que requiere a diario para su correcto funcionamiento.

El cuerpo humano, necesita diariamente de carbohidratos, proteínas, grasas, vitaminas, minerales, agua, fibra y muchas sustancias accesorias y además muy benéficas que nos protegen contra muchos padecimientos y que se hallan presentes en forma abundante en las frutas y en las verduras, en los granos, en las semillas y en los tubérculos y que desaprovechamos por que no las incluimos en nuestra dieta o lo hacemos en cantidades muy escasas.

A esas sustancias accesorias se les llama *fitonutrientes* (*phyto* es una palabra griega que significa planta) o *fitoquímicos*. Recientemente también se les ha llamado *farmanutrientes*, es decir, nutrientes de las plantas con propiedades farmacológicas.

A la gran mayoría de esos nutrientes no se les considera esenciales, pero revisten una gran importancia para nuestra salud por los grandes beneficios que le aportan las cuales son iguales o, inclusive, en algunos casos, mayores que los de las vitaminas y los minerales.

El grupo de los fitonutrientes está formado por un ejército de sustancias que nos defienden contra las enfermedades, los radicales libres, el estrés y que además nos hacen sentir y ver bien. Algunas frutas y verduras son más importantes para la salud por los fitoquímicos que contienen que por las vitaminas y minerales que aportan, tal es el caso del ajo, el brócoli y la soya, por mencionar sólo algunos ejemplos. Sin embargo, cabe señalar que las funciones químicas de los fitonutrientes en el organismo no están reñidas con las acciones de las vitaminas y minerales; al contrario, se refuerzan entre sí. La eficacia de la vitamina C aumenta si se acompaña de los bioflavonoides; el betacaroteno incrementa la actividad antioxidante del selenio;

las proantocianidinas de la uva roja potencializan el efecto que ejerce la vitamina E contra los radicales libres.

El hallazgo de las sorprendentes propiedades de los fitonutrientes nos indica que la mejor dieta es aquella en la cual abundan las frutas y las verduras. Su consumo de forma regular y abundante contribuye enormemente a la buena nutrición y a disminuir en forma considerable el riesgo de enfermarnos. Aún más, eleva nuestro desempeño físico y mental, fortalece nuestro sistema inmunológico, prolonga y nos brinda una mejor calidad de vida.

Por otro lado, los fitonutrientes actúan de manera muy eficaz contrarrestando a los radicales libres, que son sustancias de desecho derivadas del oxígeno producto del metabolismo normal del cuerpo, es decir, son producto de las oxidaciones biológicas normales que se realizan de modo continuo en nuestro organismo.

Los radicales libres son sustancias nocivas que desde el punto de vista químico son muy inestables y que tienden a enlazar a su inestabilidad a todo aquel átomo con el cual entran en contacto. Los blancos celulares de estas dañinas sustancias pueden ser las membranas, las proteínas estructurales, las enzimas y los ácidos nucleicos. Cuando dañan a los ácidos nucleicos se presenta una situación por demás peligrosa ya que pueden causar cambios en el crecimiento y desarrollo celular y, por consiguiente, cáncer u otros padecimientos crónicos degenerativos. Recientemente se les ha identificado como uno de los causantes del envejecimiento prematuro. Por fortuna, todos estos males pueden prevenirse mediante la intervención de los antioxidantes nutricionales. Prácticamente todas las frutas y las verduras nos proporcionan protección antioxidante, de ahí el énfasis de consumirlas diariamente. Los fitonutrientes pueden establecer la diferencia entre mantenernos sanos o enfermarnos.

Algunos fitoquímicos como los flavonoides tienen la capacidad de reactivar y transformar de nuevo en moléculas antioxidantes a poderosos antioxidantes como las vitaminas C y E, el betacaroteno y el glutatión que quedan inactivados al destruir radicales libres.

Además de su importante efecto antioxidante, las frutas y verduras desaceleran ostensiblemente el ritmo con el que órganos y tejidos van perdiendo eficiencia a consecuencia del envejecimiento, protegen contra el cáncer, favorecen la circulación y disminuyen la tendencia a la formación de coágulos; neutralizan a los metales tóxicos, inactivan sustancias cancerígenas y aceleran los mecanismos de desintoxicación; mantienen normales los niveles de la presión arterial y los del colesterol y triglicéridos; fortalecen el sistema inmunológico, evitan que los ácidos nucleicos se vean afectados por los radicales libres; ayudan a mantener niveles altos en sangre de sustancias con propiedades antibióticas, antivirales y antimicóticas, lo que confiere protección contra diversas infecciones; reactivan las funciones del cerebro, de tal forma que problemas como depresión, mala memoria, demencia senil, insuficiencia vascular cerebral y las enfermedades de Parkinson y Alzheimer tengan menos probabilidades de que se presenten; favorecen el mantenimiento de la flora bacteriana intestinal; contrarrestan el envejecimiento prematuro y mantienen en condiciones óptimas el funcionamiento del intestino por la gran cantidad de fibra dietética que aportan.

Los fitonutrientes nos proporcionan los beneficios mencionados a través de varios mecanismos, de los cuales el principal es la antioxidación.

Por otra parte, a los fitonutrientes también se les ha llamado nutracéuticos o farmanutrientes, pues son nutrientes con capacidad para curar, como las medicinas, sólo que sin las molestas reacciones secundarias de éstas. Son auténticos fármacos naturales. Y es que el poder real que posee la naturaleza para curar siempre ha estado a nuestra disposición, sólo que ahora la ciencia nos ha mostrado los conocimientos para entender mejor el misterio preventivo y curativo que tienen los fitonutrientes.

Los resultados de múltiples estudios llevados a cabo en varias partes del mundo arrojan resultados espectaculares:

- La soya posee propiedades para disminuir el colesterol malo con una eficiencia igual o mejor que los fármacos utilizados para este propósito. Además, se ha descubierto que es lo más parecido a un antídoto contra el cáncer de mama y de matriz.
- El ajo, entre muchas otras propiedades, tiene una poderosa acción antiviral; un éxito que ningún fármaco de la actualidad puede reclamar para sí. Ejerce una buena protección antibacteriana, antimicótica y antihelmintica; disminuye de una manera muy eficaz el colesterol malo y eleva el colesterol bueno y, contribuye a mantener estables los niveles de glucosa y de la presión arterial.
- Los jitomates, gracias a su alto contenido de licopeno, pueden disminuir hasta en 50 por ciento el riesgo de padecer el temible cáncer de próstata.
- El brócoli brinda gran protección a las mujeres por el equilibrio estrogénico que producen.
- El aceite de oliva, el mejor para cocinar, puede prevenir males cardiovasculares y el cáncer de mama.
- Los suplementos de magnesio, reducen considerablemente el riesgo de ataques cardiacos.

En cuanto a la prevención del cáncer, los fitoquímicos hacen las veces de agentes bloqueadores o supresores. Impiden al carcinógeno activo llegar al tejido diana (al blanco), a través de varios mecanismos o de una combinación de ellos: 1) mediante la inducción de sistemas enzimáticos que vuelven menos tóxicos a los carcinógenos, 2) por medio del "secuestro" de sustancias carcinógenas activas y 3) con el bloqueo de fenómenos celulares necesarios para la formación del tumor. Además, múltiples estudios han revelado que el consumo abundante y frecuente de frutas y verduras, disminuye el riesgo de padecer cáncer hasta en 50 por ciento.

Existe una gran cantidad de fitonutrientes ampliamente distribuidos en los vegetales; entre los principales se encuentran el licopeno, los isotiosianatos, el betasitosterol, la luteína, la quercetina, los indoles, la alicina, el ajoeno, el resveratrol, el ácido clorogénico, la bromelina, la cianidina, la salilcisteína, la hesperidina, los lignanos, los polifenoles, el resveratrol, la cantaxantina, la astaxantina, zeaxantina, el capferol, la bixina, la genisteína, las cumarinas, el ficoteno, el ácido elaídico, la capsaicina, los carotenoides, los terpenos, los monoterpenos y los picnogenoles.

Los picnogenoles son antioxidantes mucho más poderosos que las vitaminas C y E; el licopeno es un gran antioxidante que protege contra el cáncer de próstata; los bioflavonoides brindan protección cardiovascular; las cumarinas estimulan la acción de enzimas antitumorales; el ajoeno ayuda a mantener estables los niveles de glucosa en sangre, así como del colesterol y triglicéridos, además contribuye a mantener en niveles normales la presión arterial; la bromelina favorece la digestión y tiene propiedades antiinflamatorias; la quercetina brinda protección contra las alergias y contra la reacción inflamatoria; las isoflavonas funcionan como antiestrógenos, por lo que tienen una amplia gama de efectos benéficos para la salud: disminuyen el colesterol malo (de baja densidad), otorgan protección cardiovascular y contra el cáncer de mama y de útero.

Los vegetales que más fitonutrientes contienen son jitomate, ajo, cebolla, aguacate, brócoli, melón chino, sandía, papaya, manzana, zanahoria, soya, fresa, mango, plátano, naranja, calabaza, uva, espinaca, lentejas, nuez, papa, guayaba, acelga y té verde.

A continuación se describen en forma breve los contenidos esenciales de vitaminas, minerales y fitoquímicos, así como sus acciones, en cada uno de ésos vegetales.

Jitomate. Contiene vitamina C, potasio, ácido clorogénico, ácido lipoico, betacaroteno, cumarinas, flavonoides, glucaratos, esteroles, licopeno (del cual es una de las fuentes más importantes), monoterpenos e inhibidores de las nitrosaminas (las nitrosaminas son sustancias precursoras de cáncer).

El jitomate es un antioxidante general, ayuda a desintoxicar al organismo, interfiere con la producción de carcinógenos, fortalece al sistema inmunológico mediante el aumento en la producción de glóbulos blancos, mejora la circulación sanguínea, favorece la proliferación de la microflora bacteriana en el intestino, protege contra diversas formas de cáncer e inhibe el crecimiento y desarrollo tumoral en próstata, vejiga urinaria, útero y pulmones. De ahí la recomendación de incluirlo diariamente en nuestra dieta. Lo cual es válido también para los siguientes veintitrés vegetales.

Ajo. Al igual que la cebolla, es integrante de la familia de las liliáceas. Se ha empleado con éxito desde las épocas más antiguas de la medicina por la gran cantidad de efectos curativos que brinda (el médico Galeno lo consideraba la gran panacea, es decir, que todo lo cura). Es el vegetal más ampliamente estudiado; sólo en los últimos años se han publicado más de mil estudios analíticos debido a la gran cantidad de fitoquímicos que contiene y de los cuales adquiere su gran poder, pues su contenido de vitaminas y minerales es más bien pobre.

Contiene en pequeñas cantidades las vitaminas A, B_1, B_2, B_3 y C, potasio, selenio, fósforo, calcio, sodio, hierro, zinc y manganeso. En cambio, posee una gran cantidad de fitoquímicos y es la principal fuente de sulfuro.

Asimismo tiene alicina (responsable de su olor y sabor característicos y que es un potente antimicrobiano), dialil disulfuro, dialil trisulfuro, tetrasulfuro de dialilo (todos ellos aceites volátiles), ajoeno, alixina, capferol, ácido clorogénico, cumarinas, cisteína, flavonoides, inulina, quercetina, isoflavonas y mercaptano de dialilo. Éstos son sólo los fitoquímicos más importantes y los que más se han analizado de entre más de doscientos que contiene el ajo.

Es uno de los antioxidantes más potentes, disminuye de manera muy efectiva el colesterol malo o de baja densidad, mientras que favorece el incremento del colesterol bueno o de alta densidad, hecho que es muy benéfico para la salud. Ayuda a mantener normales los niveles de glucosa sanguínea, triglicéridos y de la presión arterial; posee un poderoso efecto antibacteriano, antiviral, antimicótico y antihelmintico, bloquea la formación de carcinógenos, ayuda a contrarrestar los efectos nocivos del estrés, activa las enzimas reparadoras del daño oxidativo, proporciona un gran efecto protector contra diversas formas de cáncer, tiene efecto antiinflamatorio, antihistaminico y estimula al sistema inmunológico y la potencia sexual en el hombre.

Como también tiene un efecto anticoagulante, inclusive mejor que el del ácido acetilsalicílico, debe usarse con cautela en personas que toman anticoagulantes.

En dosis moderadas, el ajo no es tóxico; sin embargo, en dosis mayores pueden causar, en personas susceptibles, agruras y flatulencia.

Cebolla. Aporta pequeñas cantidades de magnesio, potasio, zinc, selenio y colina. Al igual que el ajo, es muy rica en fitoquímicos: flavonoides, quercetina, capferol, sulfuro de dialilo, trisulfuro de dialilo, propil sulfuro, glucoquinina, difenilamina, cisterna, ácido lipoico y ácido clorogénico.

Brinda una poderosa acción antioxidante, disminuye los niveles del colesterol de baja densidad y aumenta los del colesterol bueno, inactiva la formación de carcinógenos, fomenta la producción de enzimas reparadoras, protege contra diversas formas de cáncer, estimula la protección de los glóbulos blancos, ayuda a mantener normales la glucosa, los triglicéridos y la presión arterial. Tiene efecto antiinflamatorio y antimicrobiano; abate la sobreproducción de estrógenos y proporciona protección contra las cataratas.

Cabe mencionar que la cebolla es una de las mejores fuentes de quercetina, un fitonutriente considerado el rey de los bioflavonoides, o sea, el bioflavonoide con mayor potencia antioxidante. Es uno de los mejores antialérgicos naturales, propiedad que la hace muy útil contra las alergias, rinitis, sinusitis y asma. Actúa bloqueando la acción de la histamina y leucotrienos, causantes de los molestos síntomas de las alergias.

Aguacate. Es una de las principales fuentes de vitamina E que a su vez es un gran antioxidante, lo que lo convierte en un alimento excelente. Además, contiene las vitaminas C, A, B$_5$, B$_6$, ácido fólico, magnesio, potasio, fósforo, clorofila, ácido lipoico, glutatión, cumarinas, inhibidores de carcinógenos, inositol, pectinas, taninos, esteroles, zeaxantina y fructoholisacáridos.

Ayuda a mantener bajos los niveles de colesterol de baja densidad dificultando su absorción intestinal, contribuye a prevenir la neuropatía diabética, brinda protección contra diversas formas de cáncer inhibiendo la activación de las proteazas (enzimas precursoras de cáncer), ayuda a desintoxicar al organismo de sustancias extrañas y nocivas, reduce en forma significativa los niveles de la temible homocisteína (aminoácido ligado a las enfermedades cardiovasculares) y, puesto que también favorece los niveles normales de la presión arterial, se le considera un cardioprotector. Asimismo, promueve la proliferación de la flora bacteriana en el intestino, reforzando al sistema inmunológico. Previene la degeneración macular, que es la principal causa de ceguera en la adultez.

A pesar de que 20 por ciento del aguacate es grasa insaturada, no dañina, contra la creencia popular, no favorece el aumento de peso.

Brócoli. Es la reina de las crucíferas (grupo que incluye la col, la coliflor, la col de Bruselas, el nabo, el rábano y el berro). Contiene vitaminas A, C, ácido fólico, colina, potasio, hierro, magnesio, ácido lipoico, ácido felónico, astaxantina, alfacaroteno, betacaroteno, clorofila, esteroles, flavonoides, glutatión, indoles, isotiosianatos, gluteína, monoterpenos, quercetina, ditoltionas, iberina y sulforafano.

El brócoli nos brinda gran protección antioxidante, impide que se eleve el colesterol malo, reduce los niveles de homocisteína, y fortalece al sistema inmunológico; por su contenido de quercetina nos protege contra las alergias, reactiva al glutatión y a otros antioxidantes como la vitamina E, estimula la producción de enzimas protectoras reparadoras, protege, de manera notable contra diversas formas de cáncer bloqueando la formación de carcinógenos gracias a la acción del sulforafano que eleva los niveles sanguíneos de la quinona reductasa, poderoso antioxidante celular, selectiva contra el cáncer.

Mediante otro mecanismo, este vegetal protege contra el cáncer de mama y de útero, disminuyendo la sobreproducción de estrógenos, hecho de máxima importancia para las mujeres, quienes deberían incluir en su alimentación grandes cantidades de brócoli, por lo menos cuatro días a la semana.

Además, previene la formación de cataratas, sobre todo en diabéticos y la degeneración macular. ¡Es un superalimento!

Melón chino. Contiene las vitaminas C, K y B_6, inositol, potasio, calcio, magnesio, zinc, ácido felónico, astaxantina, zeaxantina, cantaxantina, cucurvitacinas, alfacaroteno, betacaroteno, gammacaroteno, glutatión, flavonoides, esteroles, cumarinas y ácido lipoico.

Es un buen antioxidante general, ayuda a desintoxicar al organismo de sustancias tóxicas, abate la producción de carcinógenos, estimula la producción de glóbulos blancos, disminuye la sobreproducción de prostaglandinas, tiene efecto antiinflamatorio, protege contra varios tipos de cáncer mediante la producción de enzimas protectoras, contribuye a conservar dentro de lo normal la presión arterial, previene la formación de cataratas y la degeneración macular.

Sandía. Contiene vitamina C, magnesio, potasio, inositol, cantaxantina, astaxantina, betacaroteno, gammacaroteno, cucurbitacinas, glutatión, licopeno, fibra dietética y mucha agua.

Brinda acción antioxidante general, desintoxica al organismo, previene contra algunas formas de cáncer (próstata, vejiga, útero y pulmones) protegiendo al ADN y evitando las mutaciones celulares, fortalece el sistema inmunológico. Es uno de los frutos con mayor contenido de glutatión, gran antioxidante barredor de radicales libres.

Papaya. Aporta las vitaminas A, C , K y B_2, potasio, magnesio, alfacaroteno, betacaroteno, monoterpenos, bulatacina, papaína, cantaxantina, astaxantina, zeaxantina, ácido P-cumárico, antocianósidos, flavonoides, sulforafano e inhibidores de las nitrosaminas.

La papaya aporta protección antioxidante, ayuda a disminuir los niveles del colesterol de baja densidad evitando su oxidación, protege a las enzimas, células y hormonas del efecto nocivo de los radicales libres; tiene un moderado efecto antiinflamatorio y antiasmático, desintoxica el organismo de carcinógenos, impide la formación de coágulos, mejora la circulación, favorece la formación de enzimas reparadoras, ayuda a equilibrar la presión arterial y la glucosa en sangre. Es muy benéfica para personas que padecen de úlcera gástrica, gastritis, colitis, mala digestión y enfermedades del hígado.

Manzana. Nos aporta las vitaminas C, B_1, B_2 y B_6, potasio, calcio, magnesio, selenio, silicio, zinc, pectinas, glucaratos, lignanos, ácido málico, quercetina, flavonoides, antocianósidos, ácido clorogénico, cumarinas, taninos y zeaxantina.

Es antioxidante, inhibe la formación de tumores evitando la formación de carcinógenos e inutilizándolos, favorece la disminución del colesterol malo y eleva el colesterol bueno, fortalece de manera muy eficaz al sistema inmunológico (aun se mantiene la creencia de que el comer más de una manzana al día, mantiene alejado al médico), tiene efecto antiinflamatorio, antialérgico y antiasmático, ayuda a conservar normales los niveles de glucosa en sangre, lo que resulta benéfico sobre todo para los diabéticos. Produce energía, tiene efecto antibiótico, antiviral y antimicótico; mejora la circulación; se le considera depurativa, antiulcerosa, ayuda a la buena digestión y a disminuir la concentración de colesterol en la bilis, contribuyendo en la prevención de la formación de cálculos biliares. Es el fruto más saludable.

Zanahoria. Es muy rica en vitamina A y en menor proporción en vitaminas C y K, potasio, hierro, yodo, alfacaroteno, betacaroteno, gammacaroteno, astaxantina, cantaxantina, zeaxantina, ácido P-cumárico, cumarinas, monoterpenos, glutatión, pectinas, antocianósidos y ácido felónico.

Es antioxidante, refuerza al sistema inmunológico aumentando la producción de glóbulos blancos o leucocitos, disminuye el colesterol de baja densidad y eleva los niveles del colesterol bueno o de alta densidad, estimula la producción de enzimas reparasas, protege contra el cáncer bloqueando a los carcinógenos e impidiendo las mutaciones celulares, ayuda a prevenir trastornos de la glándula tiroides, equilibra la presión arterial, previene la degeneración macular y la retinopatía diabética; mejora la circulación. Su mayor propiedad es contribuir a mejorar la visión debido a su alto contenido de betacaroteno.

Soya. Al ser originaria de China, su consumo está poco difundido en México, desaprovechando con ello una gran fuente de poderosos nutrientes: calcio (contiene casi el doble que la leche de vaca), hierro, fósforo, magnesio, cobre, molibdeno y selenio. En cuanto al potasio, contiene casi cinco veces más que los plátanos. También es una de las mejores fuentes de las vitaminas K y E. En contenido proteico aporta más de 50 por ciento que las carnes rojas.

Es una fuente abundante de estrógenos naturales, defiende al organismo contra diversas formas de cáncer ya que contiene al menos cinco poderosos fitoquímicos con propiedades anticancerosas, protege contra los radicales libres y, a causa de ello, previene el envejecimiento prematuro, ayuda a mantener normales los niveles de glucosa, la presión arterial y del colesterol; contribuye a la buena digestión, favorece a la flora bacteriana intestinal y aporta una buena cantidad de fibra dietética. Es un gran alimento.

Fresa. Nos proporciona buenas cantidades de las vitaminas C, K, B_1, B_2 y B_6, potasio, fósforo, magnesio, molibdeno, silicio, salicilatos, cumarinas, ácido elágico, ácido clorogénico, glutatión, astaxantina, flavonoides, resveratrol, inhibidores de las nitrosaminas y antocianósidos.

Es antioxidante general, fortalece al sistema inmunológico, fomenta la producción de enzimas reparadoras, protege contra diversas formas de cáncer, ayuda a mantener normales los índices de colesterol y triglicéridos, así como de la presión arterial, previene la degeneración macular y la retinopatía diabética. Es muy eficaz contra la gota y los radicales libres, previene el envejecimiento precoz debido a la poderosa acción de los ácidos elágico y clorogénico que son dos de los protectores naturales del ADN más efectivos.

Estudios recientes han confirmado que la fresa tiene un poderoso efecto anticancerígeno actuando de diversas formas, una de ellas, inhibiendo la acción de las nitrosaminas que son, a su vez, las sustancias promotoras de cáncer más potentes que se conocen. El exceso en el consumo de carnes frías, carnes rojas y alimentos procesados, estimula la producción de nitrosaminas.

Las fresas mejoran la circulación, evitan la formación de coágulos y brindan un efecto cardioprotector gracias a su contenido de salicilatos (el principio activo de la aspirina) que impiden la agregación plaquetaria y con ella la formación de coágulos o trombos. Su consumo abundante y frecuente, está ligado a una menor incidencia de infartos y de embolias. Debemos consumirlas a menudo recordando que deben lavarse y desinfectarse perfectamente porque es muy común que contengan bacterias o residuos de pesticidas.

Mango. Es una buena fuente de vitamina C, potasio, inositol, ácido elágico, alfacaroteno, betacaroteno, zeaxantina, criptoxantina, cumarinas, glutatión, flavonoides, catequinas, ácido P-cumárico, quercetina, antocianósidos, ácido felónico e inhibidores de las nitrosaminas.

Es antioxidante general, eleva el colesterol bueno y disminuye el malo, tiene un gran efecto antiinflamatorio y antiasmático, protege la mucosa que revisten los pulmones, estimula al sistema inmunitario, previene contra diversas formas de cáncer, es un barrendero de radicales libres, inhibe el envejecimiento prematuro, favorece la buena digestión y la proliferación de la microflora bacteriana intestinal, bloquea las mutaciones celulares, mejora la circulación y evita las cataratas y la degeneración macular.

Plátano. Contiene en poca cantidad vitamina C, pero es una buena fuente de vitaminas B_2 y B_6, así como de potasio, fósforo, magnesio, calcio, cobre, cumarinas, esteroles, fructoholigosacáridos, saponinas, pectinas, inhibidores de las proteazas y de las nitrosaminas; taninos y glutatión.

El plátano brinda protección antioxidante, es muy efectivo para mantener normal la presión arterial y, por lo tanto, muy recomendado para personas que padecen de alta presión; protege contra algunos tipos de cáncer evitando las mutaciones celulares; al inhibir la absorción del colesterol malo, ayuda a mantenerlo dentro de los límites normales; favorece la disminución de los niveles de homocisteína; desintoxica el organismo; promueve la buena digestión y la proliferación de la flora bacteriana en el intestino; previene la neuropatía y la retinopatía diabéticas; tiene efecto antiácido y, por ende, es eficaz contra la gastritis y la úlcera péptica

Naranja. Es muy rica en vitamina C, inositol, potasio, alfacaroteno, gammacaroteno, glutatión, inhibidores de las nitrosaminas y de las proteazas; hesperidina, ácido felónico, terpenos, monoterpenos, pectinas, astaxantina, criptoxantina, flavonoides, limoneno, limonoides, mirixetina, quercetina y rutina.

Es antioxidante general, mejora la circulación, es un potente reforzador del sistema inmunológico estimulando la producción de glóbulos blancos, desintoxica el organismo. Debido a su alto contenido de vitamina C es un gran barredor de radicales libres; disminuye los niveles del colesterol de baja densidad (LDL) y eleva los del colesterol de alta densidad (HDL), brinda una ligera protección antibacteriana y antiviral; es antiinflamatoria, antihistamínica y antiasmática, inhibe la sobreproducción de estrógenos y previene contra las cataratas y la retinopatía diabética.

Calabaza. No es muy rica en vitaminas y minerales, pero sí lo es en alfacaroteno, betacaroteno, gammacaroteno, astaxantina, criptoxantina, zeaxantina, betasitosterol, ácido P-cumárico, bixina, quercetina, glutatión, gluteína, cucurbitacinas, esteroles y monoterpenos.

Con frecuencia la calabaza es despreciada y no la incluimos en nuestra dieta. Esto se debe, en parte, al desconocimiento de su gran riqueza en fitonutrientes de los cuales destaca el betacaroteno, que es uno de los pocos antioxidantes capaces de aniquilar a uno de los radicales libres más dañinos para la piel: el oxígeno singuleto; mientras que otros antioxidantes, como la vitamina C, lo eliminan con mucha dificultad, cada molécula de betacaroteno es capaz de inutilizar hasta aproximadamente mil moléculas de oxígeno singuleto.

Por otro lado, el colesterol de baja densidad es malo sólo cuando se oxida y daña a las arterias. Esta oxidación no se presenta si existen suficientes antioxidantes alrededor y es que precisamente el colesterol malo o de baja densidad se encarga de transportar los carotenoides como el betacaroteno en la circulación; así, mientras existan suficientes carotenoides qué transportar, éstos se encargarán de que el colesterol no se oxide.

Asimismo, la calabaza estimula la producción de glóbulos blancos, contribuye a equilibrar la presión arterial, inhibe la producción de carcinógenos y previene la formación de cataratas y la degeneración macular.

Uva roja. Nos aporta las vitaminas C, K, inositol, potasio, fósforo, magnesio, ácidos gálico, clorogénico y málico, catequinas, rutina, polifenoles, epigaloquetinas, resveratrol, flavonoides, alfacaroteno, delfinidina y taninos.

Nos brinda una gran protección cardiovascular por su efecto anticoagulante ya que abate los niveles altos del colesterol malo y ayuda a normalizar la presión arterial. Está plenamente demostrado que las personas que consumen uvas con mucha frecuencia o que acostumbran una copa diario, como aperitivo, de vino tinto, tienen una baja incidencia de infartos al corazón y de embolias.

Además, los fitonutrientes de la uva nos protegen contra diversas formas de cáncer inhibiendo las mutaciones celulares y la proliferación de carcinógenosy previenen de las cataratas y la degeneración macular.

Espinaca. Aporta las vitaminas C, K, B_6, ácido fólico, colina, coenzima Q_{10}, hierro, potasio, cobre, flavonoides, bixina, clorofila, astaxantina, criptoxantina, astaxantina, zeaxantina, inhibidores de las nitrosasminas, betaína, ácidos felónico, lipoico y P-cumárico, betacaroteno, octocosanol y gluteína.

Las espinacas poseen una poderosa acción antioxidante; destaca en forma especial la protección que proporcionan a la retina del ojo previniendo de manera eficaz la degeneración macular que, como ya se dijo, es la primera causa de ceguera en la tercera edad. Y es que la gluteína y la zeaxantina son los mejores antioxidantes protectores de la retina impidiendo su daño por el estrés oxidativo. Para fortuna nuestra, estos dos antioxidantes se encuentran en buena cantidad en las espinacas. Cien gramos de espinacas cocidas o guisadas nos proporcionan hasta tres veces más de los requerimiento de estos antioxidantes.

Otros efectos benéficos de este vegetal incluyen la disminución del colesterol malo, la elevación del colesterol bueno, brindan protección contra varios tipos de cáncer, desintoxican el organismo, contribuyen a mantener normales los niveles de azúcar en sangre, reactivan a algunos antioxidantes, sobre todo al glutatión y protegen al corazón por disminuir los niveles de homocisteína.

Lentejas. Nos aportan una buena cantidad de fibra dietética y, aunque su proteína es incompleta, contiene más que el queso, las carnes de pollo, res y cerdo. Son abundantes en hierro, vitaminas K, B_1, B_2 y, especialmente, en ácido fólico. Muy pocos alimentos nos proporcionan tanto ácido fólico como las lentejas; un plato es suficiente para satisfacer los requerimientos diarios, lo cual es indispensable para las embarazadas. Además, nos aportan cobre, fósforo, magnesio, selenio, potasio, inhibidores de las proteazas, bixina, glutatión, isoflavonas, zearalenona y saponinas.

Nos brindan protección antioxidante por medio de la inhabilitación de los radicales libres a causa del glutatión y el selenio, favorecen la proliferación de las enzimas reparadoras, evitan las mutaciones celulares, estimulan la proliferación de la microflora bacteriana intestinal, contribuyen a la conservación de niveles normales de la presión arterial y, por su alto contenido de ácido fólico, previenen en el producto de la concepción defectos como la espina bífida, paladar hendido y labio leporino, mismos que se pueden presentar si el embarazo cursa con bajos niveles de este nutriente.

Asimismo, las lentejas son cardioprotectoras por acción del ácido fólico ya que éste interviene en el metabolismo de la homocisteína, transformándola a metionina, con la ayuda de la vitamina B_{12}.

Nuez. Junto con el cacahuate, la almendra y avellana, forman el grupo de los frutos secos, todos ellos muy nutritivos y energéticos. Son ricos en proteína, vitaminas B_1, B_2, B_5, B_6, ácido fólico, hierro, fósforo, magnesio, cobre, potasio, selenio, inhibidores de las proteazas e inhibidores de las nitrosaminas.

Aporta protección antioxidante por su alto contenido de selenio, evita las mutaciones celulares, protege contra varios tipos de cáncer, disminuye los niveles del colesterol de baja densidad y abate la producción de homocisteína.

Aunque los frutos secos contienen mucha grasa, ésta es insaturada, es decir, no dañina aunque sí estimula el aumento de peso.

Papa. Nos aporta vitaminas C, K, B_5, colina, potasio, calcio, manganeso, ácidos clorogénico y felónico; flavonoides, fructoholigosacáridos, esteroles, glucaratos, monoterpenos, inhibidores de las proteazas, pectinas, saponinas, polifenoles, alfacaroteno, betasitosterol, diosgenina, cumarinas y triterpenos.

La papa ofrece protección antioxidante general, ayuda a mantener normales los niveles de colesterol inhibiendo su absorción intestinal así como su oxidación; también, favorece los niveles normales de la presión arterial y la glucosa en sangre, bloquea el desarrollo de carcinógenos, ayuda a prevenir infartos y embolias, inhibe la sobreproducción de estrógenos, estimula la proliferación de la flora bacteriana intestinal y previene la formación de cataratas y la retinopatía diabética.

Su ingestión produce en el estómago una reacción alcalina muy saludable para las personas que padecen de acidez, gastritis o úlcera gástrica y evita los cólicos intestinales.

La mejor forma para comerla es cocida u horneada. En cambio, la forma menos saludable es ingerirla frita ya que absorbe mucha grasa.

Por los carbohidratos complejos que contiene, la papa presenta un índice glucémico muy bajo y muy pocas calorías, lo cual es muy benéfico para los diabéticos y para las personas que desean adelgazar. Es falso que las papas ayuden a ganar kilos; éstas se vuelven riesgosas sólo cuando se comen fritas o se les unta crema, mantequilla, margarina, mayonesa o aderezos grasosos.

Una vez lavadas y cocidas perfectamente, deben comerse con la cáscara ya que es muy rica en polifenoles y en inhibidores de las proteazas, poderosos agentes anticancerosos.

Guayaba. Aunque contiene sólo un poco de vitamina E, es muy rica en vitamina C, inositol, potasio, fósforo, molibdeno, manganeso, alfacaroteno, betacaroteno, ácido clorogénico, cumarinas, glutatión, astaxantina, criptoxantina, inhibidores de las nitrosaminas y de las proteazas, flavonoides y pectinas.

La guayaba nos brinda protección antioxidante general, desintoxica el organismo de carcinógenos, estimula la producción de enzimas reparadoras y de glóbulos blancos, disminuye los niveles de colesterol malo y eleva los niveles del colesterol bueno, ayuda a mantener normal la presión arterial, mejora la circulación, tiene un leve poder antiinflamatorio y antialérgico y previene la retinopatía diabética.

Acelga. Junto con el brócoli y las espinacas, son de las verduras de hoja verde más completas.

La acelga nos confiere protección antioxidante potente, contiene las vitaminas C y K, potasio, flúor, yodo, magnesio, selenio, cobre, molibdeno y cantidades importantes de ácido fólico; además, clorofila, alfacaroteno, betacaroteno, gammacaroteno, astaxantina, zeaxantina, octocosanol, gluteína, betaína, ácidos felónico y P-cumárico, coenzima Q10, bixina y flavonoides.

Es un buen antioxidante general, desintoxica el organismo, contribuye, de manera muy eficaz, a neutralizar los radicales libres evita la oxidación del colesterol de baja densidad, previene la retinopatía diabética, las cataratas y de modo muy selectivo, la degeneración macular; disminuye los niveles de homocisteína, bloquea el desarrollo de células malignas, conserva la presión arterial dentro de lo normal así como los niveles de glucosa en sangre y fortalece al sistema inmunológico.

Té verde. Nos aporta las vitaminas C, B_2, inositol, catequinas, polifenoles, capferol, flavonoides, ácidos pangámico, felónico y cafeíco, epicatequinas, galato de epicatequina, inhibidores de las nitrosaminas, polifenoles, teanina, taninos y proantocianidinas.

Es un antioxidante general, mantiene normales los niveles de colesterol malo evitando su oxidación, bloquea la formación de carcinógenos, inhibe la formación de nitrosaminas, y estimula la formación de enzimas protectoras y reparadoras. Con base en estas tres últimas acciones, se ha demostrado que el té verde brinda gran protección contra el cáncer. Además, las catequinas del té verde aniquilan en forma muy eficaz a las nitrosaminas, que son el grupo de carcinógenos más peligroso. Es antihistamínico, anticoagulante, antibacteriano, antiviral, antiinflamatorio y antiartrítico.

Recordemos que los taninos neutralizan la absorción del hierro, por lo que su consumo debe ser moderado y preferible al café.

Un gran número de personas tienen temor de llegar a la tercera edad debido a las muchas enfermedades que, por diversas razones, se presentan en esa etapa de la vida.

Para llegar a la vejez de la mejor manera posible, debemos seguir estas recomendaciones: incluir diariamente en nuestra dieta abundantes cantidades de frutas y verduras (cinco raciones de cada una, según la Organización Mundial de la Salud), beber ocho vasos con agua al día, caminar entre 30 y 45 minutos diariamente, elimine vicios como beber alcohol, café o refrescos; no fumar y, que el resto de nuestra alimentación sea variada eliminando excesos de grasa y sal. Ses debe preferir la carne de pescado en primer lugar, como segunda opción la de pollo, luego la carne magra de res y sólo ocasionalmente la de cerdo. Es mejor ingerir leche descremada y cocinar con aceite de oliva.

3

La fibra

Además de los extraordinarios beneficios que nos brindan las frutas y verduras, también nos aportan buenas cantidades de fibra dietética.

Por sus múltiples efectos benéficos en el tubo digestivo y en el metabolismo, a la fibra se la considera un elemento fundamental para nuestro equilibrio nutricional y, por lo tanto, para nuestra salud.

De acuerdo con algunos autores, un consumo diario adecuado de frutas y verduras, normalmente satisface los requerimientos de 25 a 30, inclusive hasta 35 gramos de fibra que se recomienda ingerir diariamente.

En función de su solubilidad en agua, la fibra se clasifica en dos grupos: *solubles* (sustancias pécticas, hemicelulosas, gomas, mucílagos y algunos polisacáridos de algas marinas) e *insolubles* (celulosa, ligninas y algunas hemicelulosas). La fibra de los cereales es, casi en su totalidad, insolubles; en cambio, las hortalizas, leguminosas, legumbres y las frutas, contienen abundante fibra soluble. Una dieta variada nos aporta cantidades suficientes de ambos tipos de fibra.

Son múltiples y muy importantes los beneficios que la fibra dietética nos aporta, por lo que es indispensable que la incluyamos en nuestra alimentación diaria para que ésta sea completa.

De todos los nutrientes, la fibra es el que mejor regula el tránsito intestinal. Este sólo hecho acarrea otros beneficios: se evita el estreñimiento, se previenen la diverticulosis (es una enfermedad del intestino grueso, caracterizada por la formación de herniaciones en forma de saco de la pared colónica, como resultado del aumento crónico en las presiones intestinales. Este padecimiento casi siempre cursa con dolor abdominal y estreñimiento y mejora considerablemente con la fibra), el cáncer de colon, la colitis y las hemorroides (cabe señalar que el estreñimiento crónico es una de las principales causas de la aparición de esta molesta enfermedad).

Al agilizar el tránsito en el intestino, la fibra facilita la eliminación más rápida de sustancias tóxicas que se ingieren con los alimentos o que se producen como consecuencia de su degradación, evitando, así que se absorban y pasen a la circulación donde podrían causar un daño mayor.

Por si fuera poco, la fibra contribuye a eliminar sustancias putrefactas que pueden formarse en el intestino, a mantener o a disminuir nuestro peso corporal y a sostener normales los niveles de colesterol y de la glucosa en la sangre.

Gran cantidad de estudios recientes han demostrado que enfermedades con gran incidencia en nuestros días como la diabetes, colesterol alto, padecimientos cardiovasculares y cáncer, se presentan con una frecuencia mucho más baja en personas que incluyen en su alimentación abundantes cantidades de fibra a través de frutas, verduras y cereales.

Al regular el nivel de glucosa en sangre, la fibra regula también el índice glucémico, lo cual es muy benéfico sobre todo para las personas que padecen de diabetes.

Como sabemos, la digestión de carbohidratos alimentarios en la parte alta del intestino delgado genera glucosa fructosa y galactosa; mismos que se absorben y pasan a la corriente sanguínea donde elevan las cifras de glucosa, pero la presencia de oligosacáridos no absorbibles y fibras alimentarias viscosas como las pectinas, los beta glucanos y gomas, contenidos en frutas, verduras y cereales, disminuyen la hidrólisis enzimática y la rapidez con que la glucosa entra a la circulación, es decir, la entrada de la glucosa al torrente circulatorio se hace de una forma más gradual, evitando con ello las elevaciones abruptas de la glicemia y regulando así sus niveles.

Por otra parte, ha quedado plenamente comprobado el efecto liporreductor de la fibra, o sea, el hecho de que contribuye a la reducción del colesterol y de los triglicéridos mediante un mecanismo que consiste en que la fibra evita la absorción de grasa y colesterol presente en los alimentos al fijar ácidos biliares y grasa, lo que aumenta su excreción con las heces en lugar de que se absorba y pase a la circulación. Es obvio que al impedir la absorción de una parte de la grasa de las comidas, la fibra contribuye a la disminución de peso corporal.

Por otra parte, la celulosa y otras fibras insolubles aumentan directamente la masa fecal y la motilidad colónica al absorber moléculas de agua.

La gran capacidad para aumentar el volumen del contenido intestinal, así como su motilidad, explican el enorme beneficio que proporcionan el salvado, la linaza y otras fibras como tratamiento del estreñimiento crónico y de las colitis.

La fibra dietética proporciona nutrimentos a las bacterias que componen la flora bacteriana intestinal; a ello se debe que las pectinas, las gomas y algunas hemicelulosas de frutas y verduras aumenten la masa fecal, incrementado el crecimiento de los microbios. Así, sólo por citar un ejemplo, la col eleva hasta en 70 por ciento el peso de las heces.

Las fibras solubles son metabolizadas en su mayor parte a través del recorrido intestinal, de tal manera que al final se excreta sólo una pequeña parte de la fibra que se ingirió.

La mayor parte de la fibra ingerida, aproximadamente de 70 a 80 por ciento, se metaboliza en la parte baja del intestino delgado y en el colon a dióxido de carbono, metano, hidrógeno y en ácidos grasos de cadena corta. Estos compuestos son fácilmente absorbibles por la mucosa del intestino y ejercen los siguientes efectos benéficos: aumentan la absorción de sodio y agua, elevan la producción de energía metabólica, intensifican el flujo sanguíneo colónico, estimulan el sistema nervioso autónomo y aumentan la producción de las hormonas gastrointestinales favoreciendo así la digestión. Además, favorecen la proliferación de la flora bacteriana reforzando con ello el sistema inmunológico.

A su vez, esta microflora colónica, fermenta a la fibra para formar compuestos como el acetato, el propionato y el butirato que inhiben la síntesis de colesterol disminuyendo su concentración en la circulación sanguínea. Las fibras insolubles como la celulosa y la lignina no ejercen ningún efecto sobre los niveles de colesterol en el suero; en cambio, las fibras solubles como las pectinas, gomas, mucílagos, polisacáridos de algas marinas y algunas hemicelulosas presentes en leguminosas, avenas, frutas y en verduras, pueden reducir el colesterol hasta en 14 por ciento.

Gran cantidad de estudios realizados en fechas recientes sugieren, de manera contundente, que la fibra ejerce un gran efecto protector contra el riesgo de contraer cáncer. Fibras insolubles, como la celulosa, fijan carcinógenos liposolubles y los retiran del tubo digestivo, impidiendo que hagan daño. Ha quedado plenamente demostrado que las personas con una historia de bajo consumo de frutas y verduras experimentan un riesgo de contraer cáncer mayor a 50 por ciento que aquellas que acostumbran un alto consumo de alimentos de origen vegetal. Se han encontrado muchos resultados favorables a las frutas y verduras por la protección manifiesta que brindan contra cánceres de la cavidad oral, esófago, estómago, intestino delgado, colon, útero, próstata y pulmones.

Asimismo, otras investigaciones afirman que el consumo de verduras frescas, frondosas (brócoli, acelga, espinaca, col, coliflor) aportan una excelente protección contra diversas formas de cáncer a las personas que las consumen con regularidad y en grandes cantidades.

Los alimentos ricos en fitoestrógenos como la soya u otros vegetales ricos en precursores que pueden ser metabolizados por las bacterias del intestino para formar agentes activos, como son los granos y verduras y, que contienen lignanos, disminuyen el riesgo de contraer cánceres relacionados con las hormonas sexuales, tal es el caso de los de próstata, mama y útero. A este hecho se debe la bajísima incidencia de cáncer de próstata y de mama en países como Japón donde la dieta es rica en soya y otro tipo de verduras y frutas. Esto contrasta, con mucho, con la alta incidencia para estos males en países como los Estados Unidos, donde el tipo de alimentación es más bien pobre en vegetales y rica en alimentos muy procesados y comida rápida.

Y es que se han encontrado un gran número de agentes potencialmente anticancerígenos en los alimentos de origen vegetal, entre los que se encuentran las vitaminas C y E, el selenio, la fibra y muchos fitoquímicos como las ditioltionas, los indoles, licopenos, cuya fuente principal es el jitomate; isotiosianatos, flavonoides, fenoles, fitatos, inhibidores de las nitrosaminas y

de las proteazas, esteroles, lignanos, ácido elágico y los limo-
nenos.

Cabe mencionar que todos estos agentes antioxidantes y anticancerígenos tienen mecanismos de acción complementarios
y, por lo tanto sinérgicos, es decir, se potencializan uno con el
otro. Entre dichos mecanismos se cuentan la inducción de enzimas de desintoxicación, las reparasas (las que reparan el daño
celular oxidativo), la inhibición de la formación de nitrosaminas,
el aporte de sustrato para la formación de agentes antineoplásicos, la formación de sustancias que evitan las mutaciones
celulares y, el papel fundamental que ejerce la fibra al fijar e
inactivar carcinógenos y otras sustancias nocivas en el tubo digestivo.

Del total de la fibra que se recomienda ingerir todos los días,
alrededor de 10 gramos debe ser fibra soluble y el resto fibra in-
soluble. Esta cantidad es fácil de alcanzar si consumimos diariamente las cinco raciones de frutas y verduras antes mencionadas.

Por otra parte, el consumo excesivo de fibra dietética por
periodos muy prolongados, lo que puede ser muy común en
personas vegetarianas, se ha relacionado con una inhibición,
aunque ligera, con la absorción del calcio.

Para finalizar este capítulo, señalaremos en orden decreciente, los alimentos con mayor contenido de fibra alimenticia: salvado de trigo, salvado de avena o de arroz, ciruela pasa, frutos
secos, brócoli, pera, calabaza, elote, camote, espinaca, acelga,
frijoles, chícharos, lentejas, plátano, papa, nopal, tuna, algas
marinas, naranja y mandarina (si se comen con el bagazo), soya
cocida, papaya, habas, melón chino y aguacate.

Contenido de fibra de algunos alimentos

Alimento	Tamaño de la porción	Calorías	Fibra dietética(g)
CEREALES			
Arroz blanco de grano largo, cocido	1/2tz	125	0.8
Avena, cruda	1/3 tz	105	1.9
Cebada perla, cruda	1/4 tz	180	3.3
Cereal All-Bran De Kellogg's	1/3 tz (30 g)	70	9.0
Cereal Bran Buds de Kellogg's	1/3 tz (30g)	70	8.0
Cereal Bran Flakes de Kellogg's	2/3 tz (30g)	90	4.0
Cereal Crakin´ Oat Bran de Kellogg's	1/2 tz (30g)	110	4.0
Cereal Fiber ONE	1/3 tz	60	11.9
SEMILLAS Y NUECES			
Almendras peladas	1/4 tz	200	5.1
Cacahuates españoles,	20	50	0.7
tostados y salados	1/4 tz	205	2.9
Mantequilla de cacahuate	2 cucharadas	200	2.4
Nueces picadas	1/4 tz	160	1.6
en mitades	1/4 tz	130	1.3
VERDURAS Y LEGUMBRES			
Aceitunas	10 medianas	50	2.1
Albaricoques	2 medianos	20	1.6
Albaricoque secos	1/4 tz	60	7.8
Cerezas dulces	10 grandes 1/2 tz	30 35	1.2
Aguacate fresco	1/2 mediano	240	2.2
Apio: crudo	1 tallo	5	0.7
picado	1/2 tz	5	1.1
Berenjena pelada, rebanada, cocida	1/2 tz, 1/4 de una mediana (120 g)	15	2.5
Betabel picado o rebanado, cocido	1/2 tz	35	2.1
Brócoli cocido	1/2 tz (trozos de 1 cm)	15	3.2
Camotes cocidos pelados	1(12 x 5 cm)	130	3.5
enlatados, drenados	1 tz	170	4.6
Cebolla cocida	1/2 tz	15	1.4
cruda, picada	1 cucharada	0	0.1
cruda, rebanada	1/2 tz	15	0.7
de Cambray	2 medianas	10	0.9

Col, cocida, sólidos y líquidos	1/2 tz	20	3.3
Col picada, ensalada	1/2 tz	60	1.7
Col rallada cocida	1/2 tz	10	2.0
Coles de Brúselas cocidas	1/2 tz	15	2.3
Coliflor: cocida	1/2 tz	5	1.1
Cruda, picada	1/2 tz	5	0.9
Champiñones: crudo, rebanados o picados	1/2 tz	5	0.9
enlatados, drenados	1/2 tz	20	1.8
Chícharos cocidos	1/2 tz	40	4.2
crudos	1/4 tz	143	8.4
partidos, crudos	1/4 tz	155	6.0
Ejotes cocidos	1/2 tz	5	2.0
Elotes enlatados, drenado	1/3 tz	40	3.1
enteros, cocidos	1 trozo de 12.5 cm	155	5.9
Espárragos: cocidos	4 tallos medianos	10	0.9
cortados, cocidos	1/2 tz	15	1.1
Espinacas cocidas	1/2 tz	25	5.7
Frijol o soya	1/2 tz	5	1.6
Frijoles cocidos	1/2 tz	100	9.3
Lechuga	1/6 tz	10	1.4
	6 hojas medianas	5	0.7
Lentejas crudas	1/4 tz	145	5.6
Nabos, cocidos y hechos puré	1/2 tz	15	3.2
	1/2 tz (5 ramitas)	5	0.6
Okra cruda	1/2 tz	15	2.6
Papas: cocidas, peladas	1 mediana	105	2.7
cocidas, rebanadas	1/2 tz	60	1.6
En puré, con leche descremada y mantequilla	1/2 tz	125	0.9
Fritas a la francesa	10 tiras	145	1.6
Horneadas con cáscara	1 mediana (6 cm de diámetro)	130	3.0
Pepinillos: agrios	1 mediano (10 x 3 cm)	5	1.1
dulces	4 rebanadas	35	0.5
Pepino crudo	6 rebanadas (30 g)	5	0.1
	1 pequeño (16 x 4.5 cm)	5	0.6
Perejil fresco, picado	1 cucharada	0	0.3
Pimiento verde	2 anillos	5	0.2
	1 mediano (7 x 6 cm)	15	0.8
Rábanos	10 medianos	10	0.5
Tomate, jugo	1/2 tz	25	0

FRUTAS Y JUGOS DE FRUTA

Tomate, puré	1/2 tz	115	2.6
Jitomates: crudos (7 cm de diámetro)	1 mediano 20	2.0	
Enlatados, sólidos y líquidos	1 tz	51	2.2
Zanahorias: crudas	1 mediana (18.5 x 1.5 cm)	20	2.3
6 tiras (30 g)	5	0.8	
Picadas, cocidas	1/2 tz	15	2.3

FRUTAS Y JUGOS DE FRUTAS

Ciruelas 2 medianas	(2.5 cm de diámetro)	10	0.4
Ciruelas pasas: crudas	2 medianas	20	2.0
Cocidas, sin azúcar		80	7.8
Dátiles secos	5	90	3.1
Durazno con cáscara	1 mediano (6 cm de diámetro)	35	1.4
	1/2 tz, rebanado	30	1.2
Duraznos en mitades, enlatados en jarabe ligero	1/2 tz	70	1.2
Frambuesas	1/2 tz	15	4.6
Fresas	1/2 tz	20	1.7
Higos	1 mediano	30	2.4
Limón	1 rebanada	0	0.5
Limón, jugo	1 cucharada	5	0
Limonada, congelada, diluida	1 tz	105	0
Mandarina	1/2 tz	55	0.3
Mango	1	120	3.0
Manzana con cáscara	1 chica (6 cm de diámetro)	50	2.1
	1 mediana (7.5 cm de diámetro)	75	3.3
Manzana, jugo	1/2 tz	60	0
Manzana, puré sin azúcar	1/2 tz	40	2.6
Melón	1/4	40	1.6
Melón "honeydew" (de miel)	1 rebanada (1/10 melón)	30	1.3
Naranja	1 chica (6 cm de diámetro)	40	2.4
Naranja, jugo	1/2 tz	55	0
Nectarina	1 mediana (6 cm de diámetro)	70	3.0

Pera con cáscara	1 chica		
	(6 cm de diámetro)	45	2.6
Piña	1/2 tz	35	0.9
Piña enlatada en almíbar	1/2 tz	100	1.1
Piña enlatada en su jugo	1/2 tz	50	1.1
Piña, jugo sin endulzar	1/2 tz	70	0
Plátano	1/2 chico	40	1.6
	(19 cm de largo)		
	1/2 tz, rebanado	60	2.6
Ruibarbo cocido, endulzado	1/2 tz	55	2,8
Tangerina	1 mediana		
	(7 cm de diámetro)	30	1.6
Toronja	1/2	20	0.6
Toronja enlatada en almíbar	1/2 tz	75	0.5
Toronja, jugo: endulzado	1/2 tz	65	0
sin azúcar	1/2 tz	50	0
Uvas pasas	2 cucharadas	45	1.2
Uvas sin semilla	10	20	0.3
	1/2 tz	50	0.7

4

El agua

El agua es esencial para el correcto funcionamiento del organismo, es mucho más que un mero solvente pasivo, ya que también participa de manera muy activa en las reacciones bioquímicas y confiere forma y estructura a las células, a través de la turgencia. Juega un papel muy importante en el mantenimiento de la temperatura corporal.

Al constituirse como un componente esencial de todos los tejidos corporales, el agua es el elemento individual de mayor magnitud en el cuerpo. Alrededor de 60 por ciento de nuestro peso corporal es agua; así, por ejemplo, un individuo que pese 60 kilogramos, aproximadamente tendrá 36 de agua. Las células de los músculos, la sangre y las vísceras tienen la concentración más alta; por el contrario, las células de tejidos calcificados, como los huesos, y la grasa, tienen baja concentración.

El porcentaje de agua corporal varía, es más elevado en los niños pequeños que en los adultos, también es significativamente mayor en los atletas que en las personas que no practican deporte. La proporción disminuye con la edad a causa de la reducción en la masa muscular.

Como solvente, el vital líquido pone a disposición muchos solutos para el funcionamiento celular y es el medio necesario para que se desarrollen todas las reacciones bioquímicas. Asimismo, participa como un componente estructural celular; es indispensable para que se lleven a cabo los procesos fisiológicos de la digestión, la absorción y la excreción; juega un papel fundamental en el correcto funcionamiento del sistema circulatorio, constituye un medio de transporte para los nutrimentos y, en general, para todas las sustancias corporales. Mantiene la constancia física de los líquidos intracelulares y los extracelulares y ayuda a desintoxicar el organismo eliminando sustancias de desecho a través de los riñones.

Beber agua en abundancia todos los días nos ayuda a disminuir el mal olor de la transpiración, sobre todo en las axilas, pues el sudor se vuelve más fluido, es decir, menos concentrado.

Por todo esto, la pérdida de un 20 por ciento del agua corporal puede ocasionar la muerte y una disminución del 10 por ciento provoca trastornos graves.

Los electrolitos son sustancias, minerales (sodio, potasio y cloro) y moléculas que cuando se disuelven en agua se disocian en iones con carga positiva, llamados cationes y con carga negativa o aniones. El balance correcto de estos electrolitos da lugar al llamado equilibrio ácido-básico, en el cual el agua desempeña un papel esencial al favorecer el equilibrio en la concentración del ión hidrógeno. Con cambios leves en la concentración de este ión, se presentan alteraciones importantes en las reacciones químicas corporales.

El reparto o distribución del agua en el organismo es desigual; existen tejidos altamente hidratados como la sangre con 83 por ciento de agua, los músculos con 75 por ciento y el cerebro, también con un 75 por ciento. Por el contrario, los huesos adultos y el tejido adiposo, están poco hidratados, con sólo 10 a 15 por ciento. Así pues, la distribución del agua corporal varía en diferentes circunstancias, pero la cantidad total en el organismo permanece relativamente constante a pesar de las pérdidas normales.

Aunque poseemos gran cantidad de agua en nuestro interior, no disponemos de reservas, por lo que diariamente debemos de ingerir la necesaria. Partiendo de una buena dieta, por supuesto que incluya frutas y verduras, lo más recomendable es que bebamos por lo menos dos litros de agua y, que el agua de los alimentos nos aporte un litro más; un plato grande de frutas o verduras equivale a ingerir un vaso grande de agua. Beber durante el transcurso del día de 6 a 8 vasos grandes es una buena práctica que satisface perfectamente los requerimientos.

En cuanto a las pérdidas, normalmente con nuestro funcionamiento diario perdemos agua de manera casi constante; sólo por el riñón, en forma de orina, se eliminan unos 1,500 mililitros y por el intestino, con las heces, unos 100 mililitros. Estas dos vías de eliminación constituyen las llamadas pérdidas sensibles o pérdida cuantificable. A la pérdida de agua por los pulmones, a través del aire exhalado y de la piel, mediante la transpiración, se le llama pérdida insensible o no cuantificada. En condiciones normales, la piel y los pulmones pueden eliminar hasta un litro diario de agua, cantidad que aumentará en forma considerable si la persona practica ejercicio intenso, el clima es muy caluroso o con estados patológicos como la hiperventilación y la fiebre. En total, el conjunto de las pérdidas puede ser de hasta 2.5 litros o más, he aquí la importancia de cubrir diariamente la cantidad recomendada e inclusive incrementarla en los casos en que se practique ejercicio o se padezca de enfermedades que cursen en diarrea, vómito, fiebre alta, alteraciones renales, la diabetes descompensada que incrementa el número de las micciones y las sudoraciones excesivas por cualquier causa.

En condiciones de mucho calor y humedad, un deportista puede perder hasta dos litros de agua por hora, dependiendo del tipo de ejercicio que practique. Cuando el clima es muy frío, el agua se elimina en gran medida a través de los pulmones mediante la exhalación del aire húmedo.

El riñón es el principal regulador de la pérdida sensible de agua. Cada día los riñones filtran unos 170 litros de este líquido, de los que aproximadamente 168 o 169 se recuperan.

El color de la orina es un indicador sencillo que permite evaluar nuestro grado de hidratación. En condiciones normales, una orina clara y fluida, nos indicará que nuestro cuerpo tiene el agua que necesita, o sea, se encuentra en equilibrio. Por el contrario, una disminución en la cantidad o en el volumen de las micciones y una orina muy concentrada, son indicativos de deshidratación.

En situación normal, el agua que contienen los 7 a 9 litros de jugos digestivos y otros líquidos extracelulares, secretados diariamente hacia el tubo digestivo, se reabsorbe casi por completo en la parte distal del intestino delgado y en el colon y, solo unos 100 mililitros se excretan, como ya se mencionó, con las heces. Dado que este volumen de líquido reabsorbido equivale al doble que el del plasma sanguíneo, las pérdidas excesivas del líquido gastrointestinal por diarrea y vómito, tienen consecuencias muy serias, sobre todo para los pacientes muy pequeños o ancianos por lo que se haría imperiosa su rehidratación inmediata.

En ocasiones, en los adultos la deshidratación leve no siempre se presenta con síntomas tan evidentes como acontece en los niños y, puede manifestarse con trastornos como estreñimiento, ardor al orinar, problemas circulatorios y la formación de cálculos renales.

Con mucho, el problema más grave que puede acarrear el hecho de beber diario poca agua es la formación de cálculos renales. Los riñones requieren de grandes cantidades de agua para funcionar de manera correcta, formar la orina y eliminar las sustancias de desecho y toxinas extraídas de la sangre. Si el agua escasea, los riñones empiezan a sufrir, se crea una orina más concentrada en la que es más probable que cristalicen cálculos o arenillas.

Como es sabido, los requerimientos diarios de agua aumentan según las condiciones del organismo, la edad, el clima, la actividad física y los estados patológicos, es decir, algunas enfermedades.

Cuando se experimenta la sensación de sed es porque nuestra agua corporal ya se ha reducido en aproximadamente 1 por ciento o más.

Cuando este porcentaje se incrementa al 2 o 3 por ciento la orina se oscurece y su volumen disminuye. Con 5 por ciento de deshidratación, la orina se reduce al mínimo, los ojos se hunden, la lengua y cavidad oral se vuelven secas y el llanto, si ocurre, se presenta sin lágrimas. Si el grado de deshidratación va más allá, sobreviene una falta de coordinación, calambres musculares y el colapso. Cuando se pierde agua en exceso, se altera el equilibrio electrolítico.

Así pues, la sed suele ser una guía adecuada para la ingestión de agua; sin embargo, no lo es tanto en los casos de los lactantes, atletas que efectúan ejercicio intenso, en algunos padecimientos y en algunos ancianos, en quienes la sensación de sed se reduce.

Durante el periodo de lactancia, los requerimientos diarios de agua se incrementan en unos 600 a 700 mililitros debido a las grandes cantidades necesarias para la producción de leche. Muchas mujeres no satisfacen los requerimientos por día de agua en estas condiciones, pero es evidente que satisfacen sus necesidades de líquido con el agua que contienen los alimentos.

Por lo que se refiere a las bebidas isotónicas, tan de moda en nuestros días, contienen una proporción de sales minerales muy parecida a la de los líquidos de nuestro organismo; no obstante es preferible beber agua natural si el ejercicio que practicamos es moderado. Si el ejercicio es muy intenso y extenuante, entonces sí es aconsejable consumir ese tipo de bebidas debido a que con el ejercicio intenso se pierden, a través de la piel con la sudoración, una mayor cantidad de agua y electrolitos. Se recomienda no abusar de su consumo.

Por último, y con el propósito de que los incluyamos con regularidad en nuestra dieta cotidiana, mostramos el contenido de agua de algunos alimentos en orden decreciente: verduras frescas 88 por ciento, leche de vaca 87 por ciento, fruta fresca como la sandía, el melón chino, el pepino, la naranja, la toronja, la mandarina, la jícama y la papaya, 84 por ciento; queso fresco 82 por ciento, carne de res magra 77 por ciento, pescado fresco y ostiones 75 por ciento, tunas 65 por ciento, huevo fresco 15 por ciento, frijoles y soya 12 por ciento.

Contenido de agua en los alimentos

Alimentos	% de agua
Leche desnatada y semidesnatada, refrescos, gaseosas, melón, lechuga, tomate, espárragos, sandía, pimientos, cardo, berenjena, coliflor, cebolla	90-99
Zumos, leche entera, fresas, judías verdes, espinacas, zanahorias, piña, cerezas, uvas, naranjas, yogur	80-89
Plátanos, patatas, maíz, queso fresco, pescados, pollo, carnes magras, aceitunas	70-79
Carnes semigrasas, salmón, pechuga de pollo	60-69
Albóndigas, mortadela, pizzas	50-59
Ciruelas, castañas, quesos semicurados	40-49
Pan blanco, pan integral, pan de caja, quesos curados, embutidos, membrillo	30-39
Miel, higos, pasas, pasteles, mermelada	20-29
Bollería, mantequilla, margarina	10-19
Arroz, pasta, leguminosas, frutos secos, azúcar, galletas, chocolate	1-9
Aceites	0

5

Los probióticos

Los probióticos son alimentos o suplementos microbianos que se utilizan para fortalecer o restablecer la flora intestinal y mejorar el estado de salud del huésped de muy diversas maneras, una de ellas, fortificando al sistema inmunológico.

La microflora bacteriana intestinal es muy abundante; se calcula que alrededor de 100 billones de bacterias la integran agrupadas en centenares de diferentes especies, que brindan una gran protección al organismo contra diversas enfermedades, y que son una barrera eficaz contra toxinas, drogas, sustancias químicas y endotoxinas, como los residuos bacterianos, los antígenos de proteínas extrañas y los productos de degradación del metabolismo.

Cuando se altera por alguna causa la integridad intestinal, se modifica la permeabilidad del intestino y se afecta la capacidad de éste para defendernos de antígenos o de microorganismos patógenos que nos enferman.

Los factores que intervienen en la integridad de la barrera intestinal son la flora bacteriana y el buen estado de la mucosa del intestino. Ambos factores están sujetos, en forma directa, a la influencia de la nutrición.

La mayor parte de la flora bacteriana intestinal se encuentra en el colon; en esta porción del intestino se albergan más de 500 especies de bacterias. Se calcula que entre 35 y 50 por ciento del contenido total del intestino grueso está compuesto por bacterias.

Además de existir muchos millones de bacterias benéficas, en el intestino también se encuentran, cohabitando, bacterias que son patógenas, es decir, que pueden provocar enfermedades, como lo son, por ejemplo, *Escherichia Coli Hemolítica, Clostridium Perfringens, Campylobacter y Listeria. Por su parte, las bacterias benéficas incluyen a Bífidobacterias, Lactobacillus (Acidophilus, Casei, Rhamnosus, Bulgaricus), Streptococcus Thermophilus, E. Coli no Patógena y Enterococcus Faecium.*

También, en este apartado, son dignos de mención los fructooligosacáridos, que no son bacterias, pero que favorecen el desarrollo y actividad de las bacterias benéficas o amistosas del intestino. Estos fructooligosacáridos están presentes en frutas y verduras, son sustancias no calóricas, que no son destruidas en el tracto intestinal e inhiben el desarrollo y la proliferación de bacterias patógenas como la *Salmonella* y *E. Coli;* y en cambio, estimulan el desarrollo de bacterias saludables como las *Bífidobacterias.* Numerosos estudios han revelado que el incremento de estos neo-azúcares en el intestino disminuye la actividad de glucoronidasa beta, una enzima que convierte procarcinógenos en carcinógenos.

En un intestino con funcionamiento óptimo existe un equilibrio entre ambas poblaciones de bacterias, las saludables y las malas.

La microflora gastrointestinal sana funciona formando una barrera contra las bacterias nocivas, mejorando así los mecanismos de defensa del huésped. También, fortalece la inmunidad del intestino al adherirse a la mucosa que lo recubre, estimulando las respuestas inmunitarias locales, contribuyendo a digerir alimentos, y produciendo algunas vitaminas, ácidos grasos de cadena corta y proteína que, en parte, son absorbidos y utilizados por el organismo.

A su vez, esta microflora gastrointestinal saludable se fortalece debido a la acción de dos compuestos: los prebióticos y los probióticos.

Los prebióticos son productos alimenticios no digeribles, que contienen sustratos, como la fibra alimentaria y los fructooligosacáridos, que estimulan el crecimiento de especies bacterianas saludables, ya presentes en el intestino, contribuyendo con ello al bienestar del cuerpo. Los componentes de la fibra dietética como la pectina, hemicelulosa e inulina, un carbohidrato que se halla en cebollas, espárragos y alcachofas, también funcionan como prebióticos y estimulan la producción de ácidos grasos de cadena corta.

Por su parte, los probióticos son alimentos o suplementos microbianos que se pueden utilizar para modificar o mejorar el equilibrio bacteriano intestinal, favoreciendo la salud del organismo. Las presentaciones comerciales más comunes de probióticos contienen *Lactobacillus* y *Bifidobacterias*.

Prebióticos y probióticos apoyan, de manera muy eficaz a la salud intestinal inhibiendo la proliferación y el desarrollo de bacterias nocivas al competir con ellas por los nutrimentos y por los sitios de adhesión.

Asimismo, los *Lactobacillus* y *Bifidobacterias* producen ácidos orgánicos que disminuyen el pH intestinal, lo que hace que se retarde el crecimiento de bacterias patógenas sensibles al ácido. En un pH óptimo, los ácidos orgánicos generados por las bacterias buenas, se solubilizan en la membrana celular de bacterias malas, bloquean el transporte de sus sustancias de crecimiento necesarias, acidifican los interiores celulares y ejercen otras influencias inhibitorias sobre su crecimiento, impidiéndoles actuar y dañar al organismo.

Los productos lácteos y fermentados como los yogurts de cultivo vivo, el kefir y preparados de probióticos comerciales contienen, en cantidades muy variables, *Lactobacillus, Bifidobacterias* y otras cepas de bacterias benéficas.

Cuando por alguna razón se destruye la mucosa intestinal, se presenta un aumento en la permeabilidad y, las bacterias nocivas, los alimentos no digeridos o las toxinas atraviesan con facilidad la barrera, sobreviniendo un desequilibrio y, por lo tanto, la enfermedad. Algunas circunstancias favorecen este aumento de permeabilidad en el intestino: retardo en el tránsito intestinal del alimento, retardo en el peristaltismo, consumo excesivo de alimentos ricos en conservadores o aditivos químicos, comer en exceso alimentos chatarra y la administración, sobre todo por vía oral, de algunos antibióticos. Los dos primeros factores están muy relacionados con un bajo consumo de fibra dietética, la cual no sólo mejora el tiempo de tránsito intestinal y la actividad de su musculatura, sino que también protege la integridad del mismo al nutrir a los enterocitos y a los colonocitos, que son las células del intestino.

El butirato, el acetato y el propionato, los cuales son ácidos grasos de cadena corta, representan los combustibles preferidos por las células intestinales, y las fuentes de estos combustibles incluyen la fibra dietética, en especial la soluble.

Al igual que las células del intestino, las bacterias saludables como *Bifidobacterias* metabolizan los ácidos grasos de cadena corta para nutrirse. El butirato es el alimento preferido de las células del intestino grueso y sólo se produce por la acción fermentadora de las bacterias intestinales sobre la fibra alimentaria.

Por lo que se refiere a los antibióticos de amplio espectro, su empleo ejerce un resultado negativo sobre la integridad intestinal. Son agentes antimicrobianos que evitan que las infecciones se vuelvan letales, pero destruyen tanto a las bacterias nocivas como a las benéficas, producen cambios en la microflora intestinal y alteran su equilibrio. Por lo tanto, cuando el intestino se está recuperando tras un tratamiento con este tipo de medicamentos, ambas formas de bacterias compiten por el alimento y por los sitios de adherencia, lo cual puede favorecer a las bacterias patógenas. Ante esta situación, los probióticos son de gran ayuda para reconstituir la flora saludable. Además, los probióticos tienen la capacidad de prevenir, e incluso de revertir, las infecciones por bacterias y levaduras, no sólo del tracto digestivo, sino también de las vías urinarias y la vagina.

Los prebióticos han demostrado que son indispensables para ayudar a mantenernos sanos al limpiar nuestros intestinos de patógenos previniendo así las diarreas, alergias, colitis, infecciones bacterianas y por levaduras, los gases y los problemas digestivos, además mejoran en forma considerable la tolerancia a la lactosa. Pueden, incluso, mejorar o aliviar problemas como la artritis, alergias, algunas infecciones sistémicas y de la vagina.

Debido a lo anterior, se recomienda comer yogurt en la mañana y en la noche. *Lactobacillus bulgaricus y Streptococcus thermophilus,* son los cultivos principales del yogurt, que lo convierten en un alimento indispensable para nuestra salud.

Pero existen muchas otras cepas benéficas, algunas de las cuales se describen en forma breve a continuación.

Lactobacillus acidophilus. Es la cepa que más se ha analizado y, por lo tanto, la más conocida; es la bacteria más abundante del intestino delgado y la más efectiva. También se encuentra, aunque en cantidades mucho menores, en la mucosa de la vagina, cervix y uretra. Este microorganismo, además de brindar protección contra las bacterias patógenas, produce sus propios antibióticos naturales como la lactocidina y la acidofilina, reforzando así los mecanismos de defensa.

Lactobacillus rhamnosus. Brinda gran protección, adhiriéndose fuertemente a la mucosa intestinal. Esta bacteria disminuye la severidad de síntomas como la inflamación intestinal y la sensibilidad debida a las alergias causadas por alimentos.

Es de gran utilidad para las personas que presentan intolerancia a la lactosa ya que produce la enzima lactasa que es la que causa la correcta digestión de la lactosa presente en la leche, evitando con ello los gases, la inflamación del intestino, la diarrea y el mal aliento.

Lactobacillus casei. Fortalece el sistema inmunológico activando los glóbulos blancos y mediante la producción de una sustancia llamada péptidoglucano que interviene en la respuesta inmune. Estudios recientes afirman que brinda protección contra la formación de algunos tumores.

Lactobacillus bulgaricus. Se encuentra en pequeñas cantidades en el intestino y no se adhiere a sus paredes, más bien compite con las bacterias patógenas por el alimento. Constituye uno de los principales cultivos activos del yogurt; refuerza la acción de *Lactobacillus acidophilus* y *Bifidobacterias*. Combate de manera muy eficaz a *Staphilococcus, Salmonella, Shigella* y *H. pylori*.

Streptococcus. Es otra cepa que también se encuentra en el yogurt, y al igual que *Lactobacillus rhamnosu,* produce lactasa.

Bifidobacterium bifidum. Es una de las cepas más importantes del ácido láctico intestinal, se adhiere fuertemente con gran predilección a la mucosa del intestino y de la vagina. Por su gran número, compite de manera eficaz contra las bacterias nocivas expulsándolas, privándolas del alimento que requieren para sobrevivir y produciendo ácido láctico y ácido acético, lo cual disminuye el pH intestinal. Este medio ácido es hostil para las cepas patógenas impidiendo su reproducción.

Bifidobacterium longum. Para su hábitat, tiene predilección por el intestino grueso. Como el *B. bifidum,* produce ácido láctico, evitando la proliferación de bacterias malas. Entre sus funciones, está la protección que brinda al tracto gastrointestinal, mejorando la digestión y evitando la formación de gases, diarrea y náuseas durante los tratamientos con antibióticos.

Enterococcus faecium. Constituye una cepa que es de una maravillosa utilidad para las personas que padecen de diarreas frecuentes. Problema muy común en personas, sobre todo, con malos hábitos higiénicos o que se encuentran en la pobreza extrema.

E. faecium. Ha demostrado plenamente su efectividad contra microorganismos virales, fúngicos y bacterianos, tanto del tracto intestinal como del urinario y la vagina.

Además de brindarnos protección contra las bacterias patógenas, los probióticos producen enzimas que favorecen la digestión y elaboran algunas vitaminas del complejo B. Al limpiar el tracto intestinal, evitan el mal aliento, los gases, la constipación y la diarrea; tratan, además, infecciones vaginales por bacterias u hongos, previenen algunas alergias alimentarias, fortalecen al sistema inmunitario y son de gran utilidad para alivia la diarrea inducida por antibióticos así como la intolerancia a la lactosa y las infecciones del tracto urinario (en especial de la uretra) y las ocasionadas por levaduras.

En el interior de nuestro intestino se encuentra un ecosistema muy complejo, compuesto, normalmente, por bacterias buenas y malas en equilibrio; sin embargo, cepas muy virulentas pueden romper ese equilibrio y liberar toxinas, mutágenos o carcinógenos, como subproductos naturales de sus procesos vitales. Esto aumenta la permeabilidad de la mucosa, hecho que permite a las bacterias infecciosas y a los alergenos atravesarla para enfermarnos.

Varios estudios realizados recientemente concluyen que incluso enfermedades inflamatorias como la de Crohn, la colitis crónica y la artritis reumatoide pueden ser ocasionadas por cepas de bacterias nocivas alojadas en el intestino.

En cambio, como ya se ha mencionado, los probióticos son bacterias amistosas que nos brindan protección. A estos microorganismos también se les llama "bacterias del ácido láctico" porque cuando fermentan el azúcar para alimentarse producen ácido láctico para disminuir el pH como mecanismo de defensa contra las bacterias malas.

Por lo general son cuatro los tipos de bacterias benéficas que más se emplean en la elaboración del yogurt y otros probióticos que adquirimos en las tiendas: *Lactobacillus, Streptococcus, Enterococcus* y *Bifidobacterias.*

6

Prevenga la osteoporosis

Si consultamos un diccionario y buscamos el significado de esta palabra, tan de moda en la actualidad, nos encontraremos con que es una enfermedad que se caracteriza por una disminución progresiva de la masa ósea (o sea una descalcificación), que aumenta la fragilidad del hueso y, por lo tanto, el riesgo de fracturarse con facilidad.

Existen varios tipos de osteoporosis:

Idiopática. Puede aparecer incluso en niños y adultos jóvenes y no sólo en la tercera edad. Se desconoce con exactitud la causa que la origina, aunque se ha señalado una alteración en el metabolismo del calcio y afecciones de tipo inmunológico.

Osteoporosis tipo I. Es la que en muchas ocasiones afecta a las mujeres que se hallan en la etapa de la menopausia o de la posmenopausia. Se caracteriza por una pérdida acelerada de hueso trabecular o, también llamado esponjoso, que existe en los extremos de los huesos largos, la cresta iliaca de la pelvis, muñecas, escápulas y vértebras. Este hueso está provisto por un

97

número desproporcionadamente mayor de células que el tejido óseo cortical y, por este motivo, el tejido óseo trabecular reacciona mucho más a los estrógenos o a la falta de ellos que el tejido óseo cortical, que es mucho más compacto y se encuentra sobre todo en las diáfisis de los huesos largos.

La pérdida de tejido óseo trabecular en las etapas avanzadas de la vida es, en gran parte, la causa de la presentación de fracturas en las vértebras y en la parte distal de los huesos largos del esqueleto.

Osteoporosis tipo II. También llamada involutiva, se presenta con mucha frecuencia en hombres y mujeres de más de setenta años de edad, incluso puede afirmarse que prácticamente todas las personas por arriba de esta edad tienen osteoporosis en mayor o menor grado. Se caracteriza por la pérdida de hueso cortical y trabecular. Se le relaciona con fracturas de la tibia, húmero, la pelvis y el cuello del fémur.

Osteoporosis secundaria. Con alguna frecuencia, la descalcificación de los huesos puede presentarse como consecuencia de otro padecimiento, debido a trastornos hereditarios o como resultado de la ingestión durante largos periodos de algunos fármacos como los corticosteroides y la heparina, entre otros.

A menudo, este padecimiento es más frecuente en las mujeres que en los hombres; el riesgo de contraerla aumenta significativamente con la edad, pero existen otros factores predisponentes como lo son los antecedentes familiares, la mala nutrición, el consumo inadecuado de calcio o de vitamina D, consumo excesivo de cafeína, la multiparidad, la menopausia prematura, el número de lactaciones, la poca o nula actividad física, la ingesta de algunos medicamentos, la deficiencia de estrógenos, de andrógenos, enfermedades de la glándula tiroides (hipertiroidismo), cirrosis, el tabaquismo y el alcoholismo.

Por fortuna, es una de las enfermedades que se pueden prevenir con mayor efectividad.

La pérdida ósea que inicia prácticamente desde la etapa de adultez media, es decir, después de los 40 años de edad y que continúa hasta la senectud, hasta cierto grado, constituye un proceso normal. El problema se presenta cuando existe descalcificación acelerada y ésta no es compensada con el aporte de calcio, sobreviniendo entonces la osteoporosis debido a que la densidad mineral ósea se vuelve tan baja que el esqueleto no puede soportar las fuerzas ordinarias y, por lo tanto, sobrevienen las fracturas. La aceleración de este proceso que ocurre en las mujeres después de la menopausia, está directamente relacionada con una disminución en los estrógenos. En lo que se refiere al periodo senil, los procesos de resorción ósea y formación de hueso se desacoplan y se favorece la desmineralización. En este rango de edad son muy comunes las fracturas de cadera.

A consecuencia de la osteoporosis, muchas mujeres pierden varios centímetros de estatura entre los 60 y 80 años de edad y, por desgracia las fracturas pueden presentarse durante actividades ordinarias sencillas, con algún movimiento brusco y con algún golpe o caída.

Las mujeres son afectadas por la osteoporosis más gravemente que los hombres debido a que tienen una masa esquelética más pequeña y por la falta de estrógenos. Ha quedado plenamente demostrado que el tratamiento restitutivo con estas hormonas conserva la densidad ósea y disminuye el riesgo de adquirir la enfermedad, así como también se ha comprobado que toda interrupción de la menstruación por un periodo prolongado origina pérdida ósea. Aun en los periodos prolongados de más de 8 meses de lactación, se presenta una pérdida de masa ósea temporal sobre todo en el cuello del fémur y en las vértebras lumbares, por lo que durante esta etapa es indispensable el consumo suficiente, vía alimentos o suplementos, de calcio, vitamina D y magnesio para que la madre reponga sus niveles en suero y de reserva.

Por otro lado, los huesos no sujetos a uso normal (por ejemplo durante las inmovilizaciones prolongadas), pierden masa rápidamente, y es que el mantenimiento del tejido óseo sano requiere del ejercicio y de la exposición a presiones de soporte de peso; las fuerzas que causan la contracción muscular y el mantener el cuerpo en una posición vertical, contra la tracción de la gravedad, estimulan la función de las células del hueso. En menor grado, la falta de ejercicio y un estilo de vida sedentario prolongado, también contribuyen en grado importante a la pérdida de hueso. Por esto, las personas que practican algún tipo de deporte o que caminan diariamente de 30 a 45 minutos, tienen huesos más sanos.

Si bien 99 por ciento del calcio total se encuentra en los huesos y en los dientes, el 1 por ciento restante es indispensable para que se realicen una gran cantidad de procesos celulares vitales. La concentración de calcio en la sangre y en otros líquidos extracelulares es regulada por mecanismos complejos que equilibran el consumo y la excreción de este mineral en función de las necesidades corporales. Cuando el consumo de calcio no es el adecuado, ese equilibrio se mantiene, de todas formas, extrayéndolo del hueso, lo que trae como consecuencia una desmineralización ósea y la posterior pérdida de hueso si las necesidades no se corrigen.

Está comprobado que el calcio alimentario y el ejercicio, desempeñan un papel primordial en la acumulación de masa ósea lo cual se ve favorecido con los estrógenos, ya que se ha observado que las mujeres que emplearon anticonceptivos orales durante varios años en su etapa sexual activa, se beneficiaron después de la menopausia con una masa ósea más grande, sobre todo en la columna lumbar y en cuello del fémur.

Por otra parte, la edad constituye un factor predominante respecto a la densidad ósea, misma que empieza a disminuir desde los 40 años, en ambos sexos, aunque la pérdida se acentúa mucho más en las mujeres después de los 50 años de edad, es decir en el periodo de la menopausia. A partir de aquí, la pérdida es continua, a una velocidad de 1.2 por ciento por año en la siguiente década, situación que podemos prevenir si mejoramos los aportes diarios de calcio y otros nutrientes.

Asimismo, los varones también continúan perdiendo hueso, sólo que a una tasa mas lenta que las mujeres, hasta aproximadamente los 70 años de edad, momento en que las tasas de pérdida son mas o menos iguales para los dos sexos.

En todo caso, la pérdida es el resultado de cambios en los mecanismos dirigidos por hormonas que rigen el remodelamiento óseo.

Algunas mujeres posmenopáusicas pierden hueso a una velocidad más rápida, de tal forma que una mujer que llega a los 80 años de edad, o más, habrá perdido de 40 a 50 por ciento de su masa ósea máxima, y los varones de edad similar habrán perdido aproximadamente el 30 por ciento de ésta. Esta perdida puede cuantificarse, por lo que se estima que los ancianos pierden cerca de 300 miligramos de calcio al día, mismo que se elimina por la orina y las heces. Para que se mantenga el equilibrio del mineral es necesario que se reemplace con la dieta cada día o mediante la ingesta de suplementos.

Como se mencionó la pérdida de hueso en los varones se acelera unos 10 años después que en las mujeres. Así, si en la mujer la pérdida se inicia a los 50 años de edad, en el hombre empieza, más o menos, a los 60 años y está relacionada con la disminución en la producción de andrógeno.

La osteoporosis es una enfermedad incapacitante cada vez más frecuente. En México cada año aumenta de manera considerable el número de personas con este padecimiento, lo que afecta la productividad y la calidad de vida.

En cuanto a la prevención, ésta se debe iniciar desde la etapa de adultos jóvenes, mediante una nutrición adecuada y con la administración, de ser necesario, de suplementos que ayuden al fortalecimiento del tejido óseo. Aun después del inicio de la osteoporosis, los beneficios de los consumos adecuados de calcio y otros nutrimentos siguen siendo tan importantes como durante las primeras etapas de la vida, cuando ocurre el crecimiento y el desarrollo del tejido óseo.

Además del calcio, el fósforo, la vitamina D y el magnesio, los fitoestrógenos también mejoran de manera significativa, el estado de los tejidos óseos.

Los fitoestrógenos (estrógenos derivados de las plantas) se encuentran en algunos vegetales, dentro de las cuales destaca la soya. Desde el punto de vista estructural, son iguales a los estrógenos y actúan en el cuerpo como tales y como antiestrógenos débiles. Aportan grandes beneficios a la salud: disminuyen el colesterol, el riesgo de las cardiopatías; protegen contra diversas formas de cáncer como el de matriz, mama y de próstata; y brindan gran protección a los huesos, impidiendo su desmineralización, sobre todo en mujeres posmenopáusicas.

En cuanto al calcio, se debe estar atento y consumirlo en mayores cantidades en las etapas de la vida en las que aumentan sus requerimientos como son la infancia, la adolescencia, el embarazo, la lactancia, el ejercicio intenso, la menopausia y la senectud. Se deben ingerir más alimentos que lo contengan. Los productos lácteos, que son la principal fuente, se caracterizan por contenerlo en una forma que se absorbe muy bien. El pan de trigo también representa una buena fuente, así como los vegetales frondosos como la acelga, el brócoli, la col y la soya. Además, estos alimentos también son ricos en otros nutrimentos diversos que se requieren para la salud en general.

Asimismo, el consumo de una dieta a base de alimentos ricos en calcio, también constituye un marcador de un consumo equilibrado con respecto a casi todos los micronutrimentos. Los alimentos enriquecidos o fortificados con calcio y otros minerales, deben ser aprovechados ya que es otra manera de aumentar el consumo. En la actualidad se le está añadiendo calcio a algunos alimentos como jugos, cereales, algunos productos lácteos, sobre todo de soya, panes y pastas.

Está comprobado que en los años en que se presenta la menopausia y en los posteriores a esta, se favorece y se retiene la densidad mineral de los huesos cuando se toman suplementos de calcio, en especial cuando éste viene reforzado con vitamina D y magnesio.

Gran cantidad de pruebas nos indican que las personas con un historial de consumo adecuado de calcio desde la niñez, tienen pocas probabilidades de desarrollar osteoporosis en la tercera edad. Nunca se es demasiado tarde para iniciar la ingestión de suplementos de calcio.

Por lo que se refiere al magnesio, éste reviste igual importancia que el calcio en la prevención de la osteoporosis y para lograr tener huesos sanos; no por nada, más de la mitad del magnesio del organismo se encuentra en el tejido óseo donde una de sus tantas funciones es evitar su descalcificación.

Las principales fuentes alimenticias de magnesio incluyen al germen de trigo, el salvado, las nueces, la soya, el maíz, las verduras de hoja verde, la avena, el centeno y el pescado.

Asimismo, la vitamina K es un nutrimento esencial para tener huesos sanos. Está bien documentada su función en la modificación de varias proteínas de la matriz ósea. La osteocalcina, una proteína del hueso, requiere de la vitamina K para su carboxilación. Esta molécula es secretada en la matriz donde interviene en forma activa en el proceso de mineralización. Estudios realizados en ancianas presentaron un aumento importante en el riesgo de fracturas de la cadera y vértebras cuando tenían bajos consumos de vitamina K y una carboxilación insuficiente de la osteocalcina.

El flúor, hierro, boro, manganeso, cobre y el zinc, desempeñan papeles fundamentales en el correcto metabolismo óseo, por lo que también se necesita cubrir de modo adecuado los requerimientos diarios. En estudios efectuados, se comprobó que la administración de estos oligoelementos junto con el calcio, durante un año, originaron una menor pérdida de la densidad mineral ósea de la columna lumbar, en comparación con otro grupo de control que sólo recibió calcio.

Como la gran mayoría de los ancianos desarrolla cierto grado de osteoporosis, para detectar de manera correcta la enfermedad, se recomienda practicarse una densitometría ósea.

La salud ósea está sujeta, en gran medida, a la influencia de la dieta, el ejercicio y a los estrógenos. En estos tres factores es donde más aplica la prevención. Así, es necesario asegurarse de obtener buenos consumos de calcio a través de los alimentos y, en caso necesario, por medio de los suplementos. El ejercicio brinda gran protección al tejido óseo, haciéndolo más fuerte y resistente a la desmineralización.

En cuanto a los estrógenos, son de mucha utilidad para reducir la resorción ósea y detener la pérdida de hueso, principalmente en mujeres posmenopáusicas. Resultan muy eficaces cuando se les emplea durante los primeros años de haber aparecido la menopausia; aun cuando se empiecen a utilizar varios años después de la misma proporcionan protección y reducen la frecuencia de fracturas.

Finalmente, otra recomendación importante es eliminar o controlar en la medida de lo posible los factores de riesgo ya mencionados al principio de este capítulo.

Contenido de calcio en los alimentos

Alimentos fortificados

Porción	Alimento	Calcio (mg)	% del valor nutritivo diario
1/2 taza	Yogurt helado descremado, con calcio	450	45%
8 onzas	Jugo de naranja con calcio añadido	300	30%
1 taza	Leche de soya con calcio	250-300	25-30%
1/2 taza	Tofu con calcio	260	25%

Alimentos lácteos

Porción	Alimento	Calcio (mg)	% valor nutritivo diario
1 taza	Yogurt natural descremado	450	45%
2 onzas	Queso amarillo	350	35%
1/2 taza	Queso ricotta semidescremado	340	34%
1 taza	Yogurt con fruta	315	31%
8 onzas	Leche (entera, descremada, semidescremada, con chocolate)	300	30%
6-8 nachos	Nachos con queso	272	25%
1 porción	Pizza de queso	220	22%
1 onza.	Queso monterrey	204	20%
1/2 taza	Macarrones con queso	180	18%
1 taza	Queso requesón	138	10%
1/2 taza	Helado	118	10%

Vegetales

Porción	Alimento	Calcio (mg)	% del valor nutritivo diario
1 onza	Frijoles blancos, hervidos	161	15%
1/2 taza	Espinacas	122	10%
1/2 taza	Verdes de nabo	99	8%
1/2 taza	Frijoles de soya, cocidos	90	8%
1 taza	Brócoli, cocido o crudo	90	8%
1/2 taza	«Bok choy», cocido o crudo	80	8%
1 taza	Garbanzos	80	8%
1/2 taza	Col rizada, cocida	45	4%

Granos, nueces

Porción	Alimento	Calcio (mg)	% del valor nutritivo diario
3 tortillas	Tortillas de maíz (tratada con Cal)	132	10%
1 onza	Almendras, tostadas en seco	80	8%
1 porción	Pan, integral o blanco	30	2%

Otros alimentos

Porción	Alimento	Calcio (mg)	% del valor nutritivo diario
10 higos	Higos secos	269	25%
6 onzas	Taco pequeño	221	20%
2 burritos	Burrito con frijoles y queso	214	20%
3 onzas	Salmón, en lata con huesos	180	15%

7

El temible colesterol

El colesterol es una sustancia liposoluble que circula en la sangre y que en concentraciones normales no es dañina, al contrario, el organismo la necesita para realizar algunas funciones vitales. El problema surge cuando los niveles del colesterol de baja densidad (LDL) o "colesterol malo" se elevan y rebasan los límites normales y se agrava si se elevan los triglicéridos, que son grasas que se componen de tres azúcares combinados para formar una peligrosa grasa capaz de afectar las arterias y al corazón; también pueden estimular al hígado para producir colesterol LDL y, en cambio, pueden disminuir la producción del colesterol de alta densidad (HDL) llamado "colesterol bueno".

Por lo general, todas las células del cuerpo necesitan del colesterol para mantener estables sus membranas; además, es un sustrato para las hormonas esteroideas, entre las que se incluyen la cortisona y las hormonas sexuales tanto masculinas como femeninas. El hígado lo requiere para sintetizar ácidos biliares, abunda en el tejido nervioso, y las glándulas suprarrenales. Se encuentra en cantidades moderadas en los riñones, la piel y el tejido graso; pero donde se halla en mayor proporción es en el cerebro ya que constituye casi 17 por ciento de su componente sólido.

Una función esencial que el colesterol de alta densidad efectúa es que ante el aumento del colesterol de baja densidad en el suero, lo retira llevándolo al hígado, donde es metabolizado y evita que se acumule en las arterias y las dañe.

El hígado produce ambos tipos de colesterol, se calcula en 1,500 miligramos diarios, y lo hace de manera independiente del que ingerimos a través de los alimentos.

Gran cantidad de estudios han reportado que el excesivo consumo de grasas saturadas es el factor dietético más directamente relacionado con un nivel alto de colesterol, el desarrollo de la aterosclerosis y la enfermedad cardiovascular.

La aterosclerosis significa que se ha presentado un engrosamiento, endurecimiento y reducción de la luz de las paredes arteriales, ocasionado por la acumulación de grasa, sobre todo de colesterol de baja densidad oxidado, en la capa íntima o interna, en combinación con el tejido conjuntivo y la subsiguiente calcificación.

En este proceso de afectación arterial intervienen los macrófagos, células grandes indispensable en el sistema inmunológico que fisiológicamente proporcionan protección contra agentes extraños y microbianos en la sangre. Los macrófagos no reconocen ni ingieren lipoproteínas normales, pero reconocen como extrañas lipoproteínas en las cuales se ha oxidado la grasa. Así, ingieren lipoproteínas de baja densidad oxidadas y acumulan grasa dentro de su citoplasma. Como consecuencia, existe proliferación de células endoteliales, de más macrófagos, fibroblastos, colágeno y otras proteínas de tejido conjuntivo. De esta forma, la pared arterial aumenta de espesor, se vuelve rígida y fibrosa con placas elevadas que forman las células del músculo liso en proliferación y se acumula la grasa y el colesterol, lo que trae como consecuencia una disminución de la luz vascular.

Los depósitos de grasa, colesterol y otros materiales producto de desecho celular, calcio y fibrina, que se acumulan en la capa íntima arterial, se conocen como *placa* o *ateroma* y los factores que favorecen su aparición son: el aumento del colesterol de baja densidad, de los triglicéridos, la hipertensión arterial, el tabaquismo, la diabetes, la obesidad, el sedentarismo, la homocisteína y las dietas ricas en colesterol y en grasas saturadas.

Además, a parte de la lesión arterial las plaquetas se adhieren a la pared vascular afectada y liberan factores de crecimiento que favorecen aún más el desarrollo de la lesión, como consecuencia de una reacción inflamatoria a la afectación de la pared arterial.

Así, cuando la oclusión de una o más arterias se presenta en grado importante, pueden aparecer problemas agudos como angina de pecho, infarto al miocardio y muerte súbita.

Cuando la isquemia ocasiona un infarto, el miocardio queda desprovisto de oxígeno y nutrición y el que el corazón pueda continuar latiendo dependerá de la magnitud y la gravedad de la musculatura afectada, la existencia de circulación colateral y el requerimiento de oxígeno.

Las enfermedades cardiovasculares constituyen la primera causa de muerte en las personas de entre 40 y 70 años de edad, y la segunda en la población general, sólo después de la diabetes.

Se ha calculado que en nuestro país fallecen cada hora 8 personas debido a enfermedades cardiovasculares y se ha comprobado que entre los factores de riesgo más importantes se encuentran la hipertensión arterial, la obesidad, el elevado nivel del colesterol y los triglicéridos, la diabetes, el estrés, el abuso de bebidas embriagantes, el tabaquismo, el sedentarismo y los malos hábitos alimenticios; es decir, todo lo que conforma el estilo de vida actual.

La edad es otro factor de riesgo ya que entre más años tenga una persona existe una mayor probabilidad de sufrir hipertensión, diabetes y aumento del colesterol y si a ello agregamos cambios negativos en el estilo de vida, el riesgo de padecer afecciones cardiacas se eleva en forma considerable.

Como se mencionó, estos males se observan cada vez con mayor frecuencia en personas jóvenes. Cotidianamente observamos cómo gran parte de la población es más sedentaria y para desplazarse a muy cortas distancias utiliza el automóvil u otro medio de transporte; se alimenta de manera errónea el ingerir la comida chatarra o rápida y limitando su variedad de alimentos a carbohidratos simples y grasas, con exceso de sal y conservadores químicos y desaprovechando las grandes bondades que nos proporcionan las frutas, las verduras , los cereales y la fibra por mencionar sólo algunos de los alimentos que sí nos benefician.

De este modo, la incidencia de infartos al miocardio se ha elevado en forma alarmante incluso en jóvenes de 30 o 35 años de edad.

Para que las grasas puedan circular en la sangre y cumplir con sus funciones fisiológicas, forzosamente requieren de vehículos que las transporten. A esos vehículos se les conoce como lipoproteínas y existen tres tipos de ellas: las de muy baja densidad, las de baja densidad (LDL) o también llamado colesterol malo y, las de alta densidad (HDL) o comúnmente llamado colesterol bueno. Por supuesto que los dos últimos tipos de lipoproteínas son los que más nos interesan.

Las lipoproteínas de baja densidad son las encargadas de transportar la mayor cantidad de colesterol en la sangre y, por lo tanto, constituyen la principal fuente de acumulación del mismo en las arterias y su posterior bloqueo. Así, mientras más alto sea el nivel de colesterol LDL, mayor será el riesgo de presentar un problema cardiovascular, lo que podemos prevenir mediante una dieta saludable, ejercicio y eliminando malos hábitos como el tabaquismo y el alcoholismo.

Por el contrario, las lipoproteínas de alta densidad nos protegen. Poco más de un cuarto del colesterol circulante es transportado por ese tipo de lipoproteínas hacia el hígado, donde es eliminado contribuyendo a disminuir los niveles del colesterol malo y evitando que se fije en las arterias y las dañe. Sin embargo, este enorme beneficio no se logra de manera efectiva si los niveles del colesterol bueno o HDL son inferiores a 40 miligramos por decilitro. Por lo tanto, debemos procurar conservar niveles bajos de colesterol LDL (cifras inferiores a 200 miligramos por decilitro) y cantidades por arriba de 40 miligramos por decilitro de colesterol HDL, nuestro aliado.

Si permitimos que las cantidades de colesterol bueno sean bajas comparadas con las del colesterol malo, el cuerpo no tendrá los elementos suficientes para retirar de la circulación el excedente de colesterol malo y éste tenderá a elevarse, se depositará en la pared de las arterias, se oxidan y progresivamente formará una sustancia dura y gruesa (la placa de ateroma), que reducirá el espacio interior del vaso y favorecerá el desarrollo de la aterosclerosis.

Es muy recomendable evitar los alimentos abundantes en grasas saturadas y los que contienen altas cantidades de azúcares porque estimulan la producción de colesterol. Múltiples investigaciones han coincidido en señalar que algunas vitaminas, minerales y fitoquímicos son imprescindibles para el correcto metabolismo del colesterol y para mantenerlo dentro de los límites normales y que su elevación es susceptible de ser corregida proporcionando tales nutrientes dentro de los cuales se incluye a las vitaminas B_6, B_{12}, C y E, al betacaroteno, el cromo, magnesio, calcio, selenio, zinc, la lecitina, colina, inositol, la taurina, la carnitina y el ácido lipoico. Asi como la fibra dietética, el ajo, el aguacate, el aceite de pescado, las verduras de hoja verde y frutas como la manzana, el melón y los cítricos. Utilizados en forma cotidiana, como complementos de la alimentación, consiguen un gran aumento en el colesterol HDL y reducen de modo considerable el LDL.

Sólo la fibra, además de reducir la producción de colesterol, contribuye a disminuir la liberación de glucosa, desintoxica el intestino y se une con el excedente de hierro (si existe) y lo expulsa del cuerpo de una manera segura (se ha comprobado que este mineral constituye un factor de riesgo en las enfermedades cardiacas). Y es que el hierro de la sangre, al unirse con la vitamina C, se oxida y puede causar daños graves por acción de los radicales libres a los vasos sanguíneos, de tal forma que aunque necesitamos del hierro para efectuar varias funciones esenciales, un exceso de este mineral puede ocasionarnos problemas.

El colesterol en sangre puede cuantificarse con una muestra sin necesidad de estar en ayunas. Cifras de menos de 200 miligramos por decilitro se consideran normales, de 200 a 230 se le considera el valor limítrofe alto, valores de más de 230 miligramos por decilitro se interpretan como hipercolesterolemia.

Muchos factores pueden afectar los niveles del colesterol en suero: la edad, el estrés, dietas ricas en grasa o en azúcares, factores genéticos, disminución de estrógenos, los esteroides exógenos, medicamentos como los betabloqueadores y diuréticos tiacídicos, obesidad, la actividad física, los malos hábitos como el fumar, el alcoholismo, tomar café en exceso; y enfermedades tiroideas, hepáticas y la diabetes.

El colesterol de baja densidad aumenta con el envejecimiento; durante el periodo de 45 años que va desde los 20 a los 65 años de edad, las cifras de colesterol total aumentan aproximadamente 13 por ciento en los hombres y 21 por ciento en las mujeres.

Está comprobado que los estrógenos disminuyen la oxidación del colesterol de baja densidad, lo que explica en parte la existencia de menores índices de cardiopatía coronaria que se observan en las mujeres premenopáusicas, situación que no ocurre en los años posteriores al climaterio, donde los índices se elevan de modo considerable.

Por otro lado, desde hace muchos años se ha reconocido que el tabaquismo, además de predisponer al cáncer y a otros males, aumenta de forma importante el riesgo de sufrir enfermedad cardiovascular. Fumar influye de manera directa en las crisis coronarias agudas, en la formación de trombos, arritmias cardiacas y en la inestabilidad de las placas ateromatosas. Por supuesto, el riesgo aumenta en función del número de cigarrillos fumados diariamente.

La nicotina y los productos secundarios del humo del cigarro intervienen en el inicio y la progresión de la aterosclerosis. Por desgracia, el tabaquismo pasivo también provoca los mismos trastornos casi en la misma proporción que el activo.

El tabaquismo reduce el colesterol bueno hasta en 6 u 8 miligramos por decilitro y se han cuantificado cifras alarmantes de hasta 15 o 20 miligramos por decilitro de DHL, en fumadores empedernidos, en lugar de las cifras normales de 40 miligramos por decilitro.

Se ha observado que tanto en hombres como en mujeres jóvenes que han logrado dejar de fumar el riesgo de sufrir coronariopatia desciende en un lapso de dos a tres años y pueden llegar incluso a tener cantidades normales de colesterol.

En estudios de prevención ha quedado demostrado que el reducir el colesterol LDL, produce regresión de las lesiones, retarda la progresión de la aterogénesis, es decir la formación de la placa ateromatosa, reduce complicaciones, morbilidad y mortalidad.

Por su parte, la hipertensión arterial también constituye un factor de riesgo para la cardiopatía coronaria, las embolias y para la insuficiencia cardiaca. Cuanto más alta sea la presión, tanto mayor será el riesgo de padecer la enfermedad. A menudo, esta afección se acompaña con otros factores de riesgo como la hipercolesterolemia, la obesidad, tabaquismo, sedentarismo o diabetes.

Como consecuencia de la hipertensión, con el transcurrir del tiempo el ventrículo izquierdo aumenta de tamaño, es decir, se hipertrofia, lo que constituye una mayor predisposición para desarrollar la enfermedad cardiovascular, insuficiencia cardiaca congestiva o incluso la muerte súbita. Así, la mayor parte de los infartos miocárdicos son resultado de una trombosis intracoronaria. De aquí la recomendación que hacen los médicos a los pacientes con cardiopatía coronaria de que diariamente tomen la mitad o una tableta entera de aspirina.

En lo que se refiere a la diabetes, tanto la insulinodependiente o tipo I como la no insulinodependiente o tipo II, incrementan el riesgo de sufrir enfermedad cardiovascular. El 80 por ciento de los fallecimientos en hombres y mujeres diabéticos, es atribuible a la aterosclerosis.

Parte del alto riesgo de sufrir cardiopatía coronaria en los diabéticos se debe a la presencia de otros factores de riesgo que comúnmente se asocian a esta enfermedad como lo son las dislipidemias, la hipertensión, el tabaquismo, la obesidad y la falta de ejercicio físico. Las personas sedentarias corren el doble de riesgo de desarrollar enfermedad cardiovascular que las que practican algún tipo de ejercicio y se mantienen activas. Como una medida muy sana, se recomienda caminar diariamente de 30 a 45 minutos o recorrer de 5 a 6 kilómetros.

Se ha demostrado que la actividad física reduce el riesgo de adquirir una cardiopatía coronaria al inhibir la formación de la placa ateromatosa, aumentar la vascularidad y la fortaleza del músculo cardiaco y al favorecer la no formación de coágulos, el incremento del colesterol bueno, al mejorar la tolerancia a la glucosa, contrarrestar el sobrepeso y al reducir los niveles de la presión arterial.

Aunque no necesariamente, en muchas ocasiones la obesidad se debe a la inactividad física y un alto índice de masa corporal es un factor muy importante de riesgo de contraer la enfermedad cardiovascular, hecho que empeora si se asocia, como ocurre con mucha frecuencia, con otros factores negativos como dislipidemias, hipertensión arterial, tabaquismo, intolerancia a la glucosa y diabetes.

Por lo que se refiere a la edad, constituye un factor de riesgo no modificable para la coronariopatia. A mayor edad, aumenta la frecuencia y la mortalidad en todas las razas y para ambos sexos; sin embargo, en etapas poco más tempranas de la vida sí existe una diferencia en cuanto al género. La frecuencia de muerte por esta enfermedad en varones de 35 a 45 años de edad es tres veces mayor que en mujeres de la misma edad. Para el sexo femenino, el mayor riesgo se presenta después de los 55 años de edad, es decir, después de la menopausia, situación que se asocia, por lo menos en parte, con la disminución de los estrógenos. Así, en general, el riesgo de adquirir enfermedad coronaria se incrementa con el envejecimiento.

A lo anterior se agrega otro factor: un antecedente familiar de enfermedad cardiovascular es un poderoso factor de riesgo que predispone en mayor o menor medida si se asocia a otros factores de riesgo. Se considera que un antecedente familiar es positivo cuando ocurre infarto al miocardio o muerte súbita antes de los 55 años de edad en un pariente del sexo masculino en primer grado, por ejemplo un hermano, o a la edad de 65 años en un pariente femenino, también en primer grado. Una de las razones es que múltiples hiperlipidemias son hereditarias y conducen a aterosclerosis y, por lo tanto, a la enfermedad coronaria.

Respecto a los factores psicosociales como el tipo de personalidad impulsiva, la depresión, el estrés, el nivel educativo bajo y la situación económica apremiante, se han relacionado con un aumento en el riesgo de padecer una enfermedad cardiovascular.

Si bien es cierto que este padecimiento aumenta su frecuencia, en el caso de las mujeres, después de la menopausia, también se ha demostrado que el incremento en suero del colesterol HDL o bueno como consecuencia del tratamiento restitutivo hormonal, reduce la mortalidad cardiovascular hasta en 34 por ciento.

La coronariopatía es poco frecuente en mujeres premenopáusicas ya que el estrógeno endógeno confiere protección contra esta enfermedad al prevenir el daño vascular, es decir, la aterosclerosis. Por ello, en la actualidad se considera a la menopausia prematura sin restitución hormonal como un factor de riesgo para adquirir el padecimiento puesto que durante el periodo menopáusico aumentan los niveles de colesterol total, sobre todo del LDL y los triglicéridos, y disminuye el nivel del colesterol HDL, lo que resulta perjudicial en especial en mujeres que suben de peso. El tratamiento de restitución hormonal corrige tales cambios negativos.

Otros factores que contribuyen a aumentar los triglicéridos son una dieta rica en grasas saturadas y en azúcares refinados, el alcoholismo, la obesidad, la diabetes, el hipotiroidismo, la nefropatía crónica y la insuficiencia hepática.

Si deseamos conservar los triglicéridos dentro de los límites normales, debemos poner atención a las siguientes recomendaciones: mantener un peso normal, consumir una dieta baja en grasas saturadas y en colesterol, restringir al mínimo el consumo de alcohol, no fumar, hacer ejercicio diariamente y mantener bajo control, con ayuda del médico, la diabetes u otra enfermedad, si es que se padece.

En general, los ácidos grasos saturados tienden a elevar el colesterol en la sangre. Los que más lo elevan, en orden decreciente, son los ácidos miriástico, palmítico y laúrico. El ácido palmítico es el que más prevalece en la dieta y la mayor parte de este proviene de alimentos de origen animal. El ácido miriástico lo encontramos principalmente en la mantequilla, margarina y en los aceites de palma y coco.

Por su parte, los ácidos grasos trans, que también son nocivos por que aumentan el nivel del colesterol LDL y disminuyen el HDL, son producidos en el proceso de hidrogenación, ampliamente utilizado en la industria alimentaria para endurecer los aceites insaturados; éstos los encontramos en la mantequilla y en la margarina, en la carne de res y en la grasa de los productos lácteos. Las galletas, panes y pastelillos elaborados con aceite vegetal hidrogenado, también los contienen. El 50 por ciento del consumo de estos ácidos proviene del consumo de alimentos de origen animal, el otro 50 por ciento proviene de aceites vegetales hidrogenados.

El consumo promedio de ácidos grasos trans se calcula entre 8 y 10 por ciento del total del consumo diario de grasas.

Consumir postres bajos en grasa, elaborados en casa, productos lácteos descremados y carne magra, disminuirá de manera considerable la ingesta de ácidos grasos dañinos.

Los consumos totales de grasa se relacionan con el sobrepeso, lo que interviene en muchos de los principales factores de riesgo para desarrollar la aterosclerosis debido a que las dietas ricas en grasa y colesterol aumentan en forma inexorable, la lipemia posprandial, así como los quilomicrones. Ambas situa-

ciones conducen, tarde o temprano, al desarrollo de la enfermedad cardiovascular.

Numerosos estudios, como el realizado por Kwiterovich, han
confirmado que las personas que consumen una dieta diaria con
menos de 23 por ciento de las calorías derivadas de grasas (o
sea, una dieta baja en grasas y colesterol), tiene un riesgo relati-
vo de 1por ciento de desarrollar lesiones en las arterias, en comparación con el 12.5 por ciento de riesgo para las que consumen
más de 35 por ciento de las calorías a expensas de las grasas.

El colesterol alimentario aumenta el colesterol total en sangre, a expensas del LDL o de baja densidad. Se calcula que por
cada 25 miligramos de aumento en el colesterol de la dieta, se
eleva 1 miligramo por decilitro en el suero. Sin embargo, la
capacidad de respuesta de los individuos para elevar su colesterol
sanguíneo tras la ingesta de una dieta hipercolesterolémica varía; algunas personas son hiporreactivas, es decir, su nivel de
colesterol en sangre no aumenta o lo hace muy levemente tras
el estímulo con una dieta abundante del mismo. Pero también
existen personas hiperreactivas en las cuales luego la ingesta de
un alimento alto en colesterol, éste aumenta de inmediato en el
suero.

Así pues, el consumo de colesterol en general, se considera
un agravante en el desarrollo de enfermedades cardiovasculares,
aun después de ajustar otros factores de riesgo como la obesidad, el tabaquismo, el control de la presión arterial y el sedentarismo.

No obstante, los incrementos del colesterol LDL los podemos corregir mediante ajustes en nuestra alimentación evitando
los alimentos ricos en grasas que nos dañan e incluyendo en
nuestra dieta diaria, los nutrientes que nos benefician y que elevan el colesterol bueno o HDL.

El efecto antiaterógeno del colesterol de alta densidad se logra, como ya se mencionó en este mismo capítulo, transportan-

do el colesterol malo hacia el hígado donde es retirado o eliminado. A este proceso se le ha dado en llamar transporte inverso de colesterol porque ayuda al cuerpo a deshacerse de él, previniendo su acumulación y oxidación en las paredes arteriales y la posterior formación de la placa.

Un nivel de colesterol HDL alto, por arriba de 40 miligramos por decilitro, significa que este valioso mecanismo de defensa está operando de manera óptima.

Los aumentos de HDL y la disminución de LDL pueden favorecer una reducción de la cardiopatía coronaria hasta en 34 por ciento, que se reforzaría si se corrigen otros factores de riesgo.

Una dieta saludable puede literalmente salvar nuestra vida. La gran mayoría de las frutas y verduras disminuyen el colesterol LDL y aumentan el HDL; lo mismo consiguen el ejercicio físico, la fibra alimentaria, la ingestión de estrógenos, la pérdida del exceso de grasa corporal y tomar diariamente una copa de vino tinto.

Algunos estudios han demostrado que la fibra soluble como pectinas, gomas, mucílagos, polisacáridos de algas y hemicelulosas, presentes en leguminosas, avena, verduras de hoja verde y frutas, reducen el colesterol LDL hasta en 14 por ciento en personas con niveles superiores a los normales y hasta 10 por ciento en individuos normocolesterolémicos. La fibra soluble logra este efecto reductor de colesterol por medio de dos mecanismos: fija ácidos biliares, lo que disminuye el colesterol en suero para reponer la concentración de dichos ácidos y, las bacterias colónicas fermentan la fibra y forman los compuestos acetato, propionato y butirato, mismos que inhiben la síntesis de colesterol.

Cabe mencionar que las fibras insolubles como la celulosa y la lignina no ejercen ninguna acción para disminuir el colesterol sanguíneo.

Otros dos factores alimentarios nos brindan protección contra el daño arterial del colesterol LDL al oxidarse: el ácido linoleico y la disponibilidad de los antioxidantes. Las vitaminas C y E, el betacaroteno y el selenio tienen grandes propiedades antioxidantes. Prácticamente todas las frutas y las verduras nos dan protección antioxidante general.

La vitamina E es el antioxidante más poderoso (el aguacate es una excelente fuente) y se encuentra más concentrado en las lipoproteínas de baja densidad para evitar la oxidación de los ácidos grasos poliinsaturados, inhabilitándolos y así prevenir el daño arterial. En los últimos años, los cardiólogos han admitido abiertamente que uno de los principales protectores contra las enfermedades cardiacas es la vitamina E. Estudios reportaron que redujo hasta en 45 por ciento el riesgo de adquirir la coronariopatía.

Además de preservar o restaurar la salud de las arterias y el corazón, la vitamina E también puede ser útil para prevenir la diabetes tipo II, al reducir la proteín-quinasa C, enzima que es activada por la glucosa y que puede formar productos secundarios oxidativos muy perjudiciales. Esta vitamina se ha empleado con éxito para prevenir el deterioro de las neuronas que presentan los enfermos de Alzheimer.

Otras investigaciones han reportado que los tocotrienoles, que son compuestos relacionados de la vitamina E, inhiben el desarrollo de células tumorales y han demostrado ser efectivos contra el cáncer de mama. Además, brindan protección a la piel de las radiaciones ultravioleta y disminuyen los niveles de colesterol LDL en sangre.

Por otra parte, está demostrado que los suplementos de calcio también producen disminución en el colesterol LDL. Dosis de 1,200 miligramos diarios disminuyen el colesterol malo en 4 por ciento y aumentan el colesterol bueno en el mismo porcentaje.

Esta reducción del colesterol LDL es un beneficio adicional del calcio a la recomendación de tomarlo para prevenir la osteoporosis.

Las medidas clave que todo paciente con niveles altos de colesterol debe adoptar para prevenir la enfermedad cardiovascular o para mantenerla bajo control si ya la padece son: dieta baja en grasas y abundante en frutas, verduras y fibra; reducción del sobrepeso, si existe; ejercicio; control médico si se padece otra enfermedad, y eliminación de malos hábitos como fumar, alcoholismo y tomar café en exceso.

Por lo que se refiere a la dieta, ésta deberá ser abundante, además de en frutas, verduras y fibra, en leguminosas, productos lácteos sin grasa; deberá preferirse el pescado, el pollo sin piel y por último la carne de res magra. La carne de cerdo deberá evitarse lo más posible.

Otras estrategias para disminuir la ingesta de ácidos grasos saturados son: evitar en lo posible las grasas untables como la mantequilla, cremas y margarina; evitar o disminuir el consumo de carnes rojas; cocinar con aceite de oliva; evitar los panecillos, galletas o pastelillos con alto contenido de azúcares refinados y sustituir los alimentos ricos en grasa y colesterol por aquellos que los contengan en pequeñas cantidades; preferir la leche descremada en lugar de la entera.

A continuación se menciona el contenido de colesterol (por cada 100 gramos) de algunos alimentos comunes en la dieta de nuestro país: Riñones guisados 804, sesos 466, hígado de res 438, huevo entero (una pieza) 252, panqué de mantequilla 250, ostiones (una docena) 230, menudo 150, manteca de cerdo 98, camarones (una docena) 95, carne de res magra 94, carne de pollo (sin piel) 91, carne de cerdo 90, tocino 85, jamón y salchichas 72, carne de pescado 70, helado de leche (una bola) 40, leche entera (una taza) 34, leche semidescremada (una taza) 18, leche descremada (una taza) 5.

Como ya vimos, las grasas y el colesterol se relacionan con un alto riesgo de contraer enfermedad cardiovascular. Sin embargo, de acuerdo con estudios efectuados en los últimos años, grasas y colesterol no son los únicos causantes del padecimiento; se ha comprobado que el aminoácido homocisteína es igual o peor que el colesterol para causar coronariopatía. De hecho, según los estudios mencionados, algunas personas que han fallecido de infarto al miocardio tenían niveles normales de triglicéridos y colesterol, pero cursaban con altas concentraciones de homocisteína, por lo que este aminoácido, que es un producto de desecho del cuerpo, es aún más perjudicial para el corazón que el colesterol de baja densidad y los triglicéridos.

La homocisteína se deriva del aminoácido metionina, esencial para el organismo y que se encuentra en buenas cantidades en numerosos alimentos como el ajo, la cebolla, legumbres, camarones, pescado, huevos y carne roja.

Un proceso bioquímico llamado transulfuración es el responsable de convertir a la metionina en homocisteína. Los niveles normales, en sangre de homocisteína son de 7, o menos, micromoles por litro y corresponden al rango más bajo de cardiopatía coronaria.

Cuando la homocisteína se eleva en el suero se deposita en las arterias agravando el daño causado por la grasa y el colesterol y añadiendo además lesión endotelial y actividad procoagulante. Con esto, se eleva en forma importante el riesgo de sufrir muerte súbita, crisis cerebrovasculares, enfermedad vascular periférica, trombosis venosa y embolia pulmonar. Asimismo, se han encontrado niveles altos de este aminoácido en padecimientos como depresión, esquizofrenia, esclerosis múltiple, artritis reumatoide, cáncer, diabetes tipo II, enfermedad de Parkinson y Alzheimer.

Situaciones como la edad, la menopausia y el tabaquismo, elevan las cifras de homocisteína y lo mismo puede decirse del abuso del alcohol, el cual interfiere con el metabolismo de la metionina.

Recientemente se ha confirmado que la homocisteína es clave para determinar el riesgo de sufrir coronariopatía, el cual aumenta si la persona fuma, no hace ejercicio, tiene sobrepeso, edad avanzada, consume más de una taza de café al día y si padece de hipertensión arterial o de diabetes. Todos estos factores aumentan el nivel del aminoácido en suero.

El aminoácido homocisteína puede ser metabolizado de dos formas: 1) puede utilizar a la vitamina B_6 para convertirse en otros dos aminoácidos: cisteína y taurina, y 2) puede utilizar a la vitamina B_{12} y al ácido fólico para volver a su forma original de metionina. De tal manera que si nuestros niveles de vitaminas B_6, B_{12} y de ácido fólico están bajos o el aporte con la dieta diaria no es el adecuado, la homocisteína no podrá ser transformada en estos aminoácidos seguros y, por lo tanto, se elevará en el suero con el riesgo que ello conlleva.

Casi todas las personas pueden disminuir en forma considerable los niveles de homocisteína si añaden suplementos de complejo B a su dieta, si corrigen los factores de riesgo ya descritos y si sustituyen los alimentos abundantes en grasa y colesterol por otros donde predominen las frutas y las verduras.

En un estudio reciente, resultó que las personas no fumadoras, con altos consumos de vitaminas del complejo B, no sedentarias y con una baja ingesta de café y alcohol, resultaron con niveles normales de homocisteína. Situación que no se presentó en otro grupo de individuos con bajo consumo de folatos, sedentarios, con alto consumo de cigarros, café y alcohol, los cuales resultaron con niveles de hasta 20 o más micromoles por litro de homocisteína.

Otros estudios han reportado que un aumento de un micromol por litro de homocisteína produce un incremento de hasta 10 por ciento en el riesgo de contraer enfermedad cardiovascular, y es que personas con concentraciones superiores a 10 o 15 micromoles por litro del aminoácido tienen 30 veces más riesgo de presentar muerte súbita.

En los sujetos con enfermedad comprobada con estudios angiográficos, la tasa de mortalidad a sólo 4 años fue de 25 por ciento cuando los niveles en suero de homocisteína rebasaron los 15 micromoles por litro, en comparación con 4 por ciento en personas con cifras inferiores a los 9 micromoles por litro.

Por otra parte, las concentraciones elevadas de homocisteína en sangre son tóxicas para los gases sanguíneos y producen coágulos en las arterias coronarias, embolias y trombosis de las venas periféricas, sobre todo en las piernas. Se ha calculado que 20 por ciento de todos los ataques cardiacos, 40 por ciento de las crisis cerebrovasculares por coagulación y 60 por ciento de todas las oclusiones de venas periféricas, son atribuibles a niveles elevados en suero de este aminoácido.

Otra causa, aunque no muy frecuente, de que aumente en el suero la homocisteína es la disminución de la enzima sintasa de cistationina B que interviene en su catabolismo. Esta afección genética se presenta, sólo en el 5 al 7 por ciento de la población.

Los altos niveles de este dañino aminoácido se regulan, con éxito, con complejo B, dieta pobre en grasas y colesterol, abundante en frutas y verduras y suprimiendo los malos hábitos como el fumar, el exceso de café y alcohol, control de peso y haciendo ejercicio diariamente.

Contenido de colesterol en los alimentos

Alimento	Proporción total grasas	Grasas saturadas	Grasas monoinsa- turadas	Grasas poliinsa- turadas	Colesterol en mg por cada 100 g
Aceites					
Aceite de coco	100 %	86 %	5,8 %	1,8 %	0
Aceite de palma	100 %	49 %	37 %	9,3 %	0
Aceite de salmón	100 %	19, 8 %	29 %	40 %	485
Aceite de semillas de tomate	100 %	19, 7 %	22,8 %	53, 1 %	0
Aceite de cacahuate	100 %	16,9 %	46,2 %	32 %	0
Lecitina de soya	100 %	15 %	10,9 %	45,3 %	0
Aceite de soya	100 %	14,9 %	43 %	37%	0
Aceite de sésamo	100 %	14,2 %	39,7 %	41,7 %	0
Aceite de maíz	100 %	12,7 %	24,2 %	58,7 %	0
Aceite de oliva	100 %	13,5 %	73,7 %	8,4 %	0
Aceite de girasol	100 %	10,1 %	45,4%	45,4 %	0
Aceite de pepita de uva	100 %	9,6 %	16,1 %	69,9 %	0
Aceite de nueces	100 %	9,1 %	22,8 %	63,3 %	0
Aceite de almendras	100 %	8,2 %	69,9 %	17,4 %	0
Mantequillas o margarinas					
Margarina de maíz	80 %	14 %			0
Mantequilla de cacahuate	50 %	9,5 %	23,5 %	14,3 %	0
Leche o productos lácteos					
Quesos cremosos	50 %	28,5 %	12,9 %	0,14 %	15
Nata	37 %	23 %	10 %	13 %	137
Crema de queso no descremado	34 %	20 %	9,2 %	0,95 %	9,5
Crema de queso light	33 %	23 %	0 %	0 %	10
Leche entera vaca	3,7 %	2,2 %	1 %	1, 4%	14
Yogurt entero natural	3,3 %	2,1 %	8,9 %	0,9 %	13
Leche semi- desnatada	1,9 %	1,2 %	0,5 %	0,07 %	8
Yogurt descremado natural	0, 2 %	0,1 %	0,05 %	0,01 %	0, 2
Yogurt light con fruta	1,1 %	0,6 %	0 %	0 %	6,6
Leche desnatada	1,1 %	6,6 %	3,1 %	0,1 %	4
Crema de queso descremado	0 %				
Frutos secos					
Nueces	65 %	5,5 %	14,1 %	39,1 %	0
Almendra	54 %	4,8 %	32,9 %	10,6 %	0

Carnes

Piel de pollo frita sola	40 %	11,4 %	17 %	8,5 %	83
Costilla de cerdo con grasa	20 %	8,9 %	10 ,2 %	2,1 %	78
Pollo a l'ast con piel	13,6 %	3,7 %	5,3 %	2,9 %	88
Costilla de cerdo sin grasa	13,1 %	4,7 %	5,6 %	1 %	83
Costilla de ternera con 1/4 % grasa a la brasa	13,2 %	5,2 %	5,5 %	3,8 %	81
Costillas de ternera sin grasa a la brasa	13 %	5,5 %	5,4 %	3,9 %	71
Costilla de cerdo magro	12 %	4,9 %	5,9 %	1 %	86
Pollo a l'ast sin piel	7,4 %	2 %	2,6 %	1,6 %	89

Pescado

Sardinas enlatadas en aceite vegetal	11,5 %	1,5 %	3,8 %	5,1 %	142
Salmón	10,4 %	2,5 %	4,4 %	2 %	66
Anchoas en lata con aceite vegetal	9,7 %	2,2 %	3,7 %	2,5 %	85
Arenque	9 %	2 %	3,7 %	2,1 %	60
Atún en conserva con aceite vegetal	8, 1 %	1,6 %	2,4 %	3,3 %	31
Atún	4,9 %	1, 2 %	1,3 %	1,6 %	38
Salmón ahumado	4,3 %	0,9 %	2 %	1 %	23
Caballa	2 %	0,3 %	0,76 %	0,4 %	53
Gambas	1,7 %	0,33 %	0,25 %	0,67 %	152
Merluza	1,3 %	0,25 %	0,28 %	0,42 %	67
Calamares	1,1 %	0,36 %	0,11 %	0,52 %	233
Langosta	0, 9 %	0,18 %	0,26 %	0,15 %	95
Bacalao	0,7 %	0,1 %	0,09 %	0,2 %	43
Pulpo	0,1 %	0,23 %	0,16 %	0,24 %	48

Huevos

Yema de huevo deshidratada	61 %	18,4 %	24 ,4 %	7,9 %	2928
Mayonesa	33 %	4'9 %	9 %	18 %	26
Huevo frito	15 %	4,1 %	5,9 %	2,7 %	459
Clara de huevo					0 %
Huevo hervido	10, 6	3,2 %	4 %	1,4 %	424

Dulces o postres dulces

Donut con chocolate	31 %	3,7 %	9,6 %	8,1 %	3,7
Galletas de chocolate	25 %	8,2 %	13,1 %	2,6 %	0
Donut con crema	24 %	6,7 %	13,4 %	2,9 %	2,4

Galletas danesas con jengibre	22,4 %	5,7 %	12,4 %	8,8 %	30
	16 %	5,2 %	6,5 %	3,3 %	53
Gofre normal con chocolate	14,2 %	3,6 %	7,5 %	1,7 %	2
Chocolate con leche	3'8 %	2,1 %	1 %	0,3 %	5

Aderezos

Aceitunas	10,7	14, 2 %	7,8 %	9, 1 %	0
Pepinillos	0,2 %	0,02 %	0,01 %	0,1 %	0

Pan, cereales o pastas

Pan de avena	4,4 %	0,7 %	1,5 %	1,7 %	0
Pan de trigo integral	4.2%	0,9 %	1,6 %	0,1 %	0
Pan de trigo blanco	3,5 %	0,8 %	0,8 %	1,3 %	0
Pan de centeno	3,3 %	0,6 %	1,3 %	0,8 %	0
Arroz frito tipo «tres delicias»	1,6 %	5,4 %	0 %	0 %	6,7
Pan de pita	1,2 %	1,7 %	1,1 %	0,5 %	0
Arroz integral	0,8 %	0,17 %	0,3 %	0,3 %	0
Espaguetis integrales cocidos	0,5 %	0,1 %	0,08 %	0, 2 %	0
Macarrones integrales cocidos solos	0,5 %	1 %	0,8 %	2,1 %	0
Arroz blanco	0.3 %	0,04 %	0,04 %	0,07 %	0

Frutas , verduras y hortalizas

Aguacate	17,3 %	2,5 %	11,2 %	2 %	0
Avena	6,9 %	1,2 %	2,1 %	2,5 %	0
Patatas fritas	6,5 %	3 %	2,6 %	4,9 %	0
Plátanos deshidratados	1,8 %	0,7 %	0,15 %	0,3 %	0
Plátanos	0,5 %	0,1 %	0,04 %	0,09 %	0
Fresas	0, 4 %	0, 2 %	0,5 %	0,1 %	0
Tomates maduros frescos	0,3 %	0,05 %	0,05 %	0, 14 %	0
Alubias en conserva	0,3 %	0,05 %	0,02 %	0,17 %	0
Naranjas	0,2 %	0,04 %	0,06 %	0,06 %	0
Lechuga	0,2 %	0,2 %	0,03 %	0, 01 %	0
Pepino	0,10 %	0,03 %	0 %	0,05 %	0
Patatas hervidas	0,10 %	0,3 %	0 %	0,04 %	0

8

Los radicales libres y el envejecimiento prematuro

Los radicales libres son moléculas altamente cargadas debido a que transportan un electrón de más, por eso son muy inestables. Nuestro mismo cuerpo los produce como resultado del metabolismo.

En la mayoría de las ocasiones, los radicales libres son perjudiciales para las células y los tejidos; además, tienen el poder de reducir la eficiencia de las enzimas y de las hormonas que mantienen nuestros procesos orgánicos funcionando en forma correcta.

Estas nocivas partículas han sido identificadas como corresponsables de más de cincuenta enfermedades frecuentes, entre las que podemos incluir la artritis reumatoide, el asma bronquial, enfisema pulmonar, cataratas, cardiopatías y diversos tipos de cáncer.

Además, estudios recientes han reportado la acción de los radicales libres como una causa del envejecimiento prematuro.

Como sabemos, el oxígeno es esencial para la vida y resulta paradójico que pueda volverse en nuestra contra. Aproximadamente 2 por ciento del oxígeno del cuerpo experimenta reacciones de radicales libres mediante procesos de oxidación que hacen que toda célula, además de producir energía, los origine.

La gran inestabilidad de estas partículas les permite recorrer todo el organismo buscando por todas partes electrones extra con los cuales puedan unirse para estabilizarse. Inevitablemente, esos electrones son robados de otras células, lo cual origina un daño a tejidos y órganos.

Así, aunque millones de estas partículas nos recorren diariamente, y a todas horas, dañando todo lo que tocan, la acción de algunos radicales libres es benéfica. Por ejemplo, es el caso de la gran cantidad que elaboran los glóbulos blancos, que son los grandes defensores que tenemos contra las infecciones, de un peróxido cáustico que está destinado a destruir gran cantidad de microorganismos que nos enferman. Dicho peróxido, a su vez, produce radicales libres, una vez que ha cumplido con su función.

Por desgracia, además de los que el cuerpo produce, los radicales libres los podemos obtener, en grandes cantidades, a través de la contaminación ambiental, fumando, mediante la exposición en exceso a los rayos solares, a través de los pesticidas, la gasolina y otros derivados del petróleo, del ozono, de la exposición a solventes químicos tóxicos y hasta de algunos alimentos que son ricos en grasas dañinas y que fácilmente se oxidan, como las hamburguesas, pastelillos y pizzas.

Normalmente nuestro cuerpo está preparado para protegernos de la acción nociva de los radicales libres, pero para que este equilibrio se logre es necesario que el organismo tenga a su sistema inmunológico y a otros mecanismos de defensa funcionando de manera apropiada. Un exceso de estas partículas provocará un desajuste y, en consecuencia, daño celular u orgánico y, por lo tanto, enfermedad.

Pero así como las situaciones ambientales negativas, como lo es la contaminación, nos enferman, la naturaleza viene en nuestro auxilio y nos ofrece un maravilloso arsenal para defendernos de los nocivos radicales libres. Dicho arsenal lo componen los antioxidantes como las vitaminas A, C, E, el aminoácido N-acetilcisteína (NAC), el selenio y el glutatión, que es el antioxidante preeminente en el organismo. Todos estos antioxidantes son unos auténticos barrenderos de radicales libres, por lo que nos confieren una gran protección.

Como lo mencioné en el capítulo 2, casi todas las frutas y verduras nos brindan protección antioxidante general debido a la gran cantidad de fitoquímicos que nos aportan. Para obtener esta protección debemos incluir diariamente en nuestra dieta cinco o más raciones de frutas y verduras.

Los antioxidantes van a la caza de los radicales libres en el cuerpo estabilizándolos, donan sus electrones a esas partículas, evitando el daño celular y volviéndolos inofensivos.

Al grupo de antioxidantes se les ha puesto este nombre, precisamente por su habilidad para desactivar a los dañinos radicales libres.

La vitamina E, uno de los antioxidantes más poderosos, recientemente ha adquirido una gran aceptación entre los médicos por sus múltiples beneficios, destacando el que proporciona en las enfermedades cardiovasculares y por su gran efecto neutralizador de radicales libres.

Esta vitamina parece haber sido diseñada para desactivar un tipo particular de radicales libres, los peróxidos de lípidos. Y es que la grasa oxidada en forma de colesterol puede afectar en forma grave las arterias y el corazón.

La vitamina E nos protege de este peligro previniendo, de manera muy eficaz, la oxidación del colesterol. Tiene una gran afinidad por las membranas celulares brindándoles protección.

En la actualidad ha quedado demostrado que la vitamina E desempeña un papel fundamental en el funcionamiento normal de todas las células; por lo tanto, es obvio que su deficiencia puede causar trastornos a varios órganos y sistemas. Su función está relacionada con la acción protectora que brinda contra los efectos, potencialmente dañinos de radicales libres.

La vitamina E es el antioxidante liposoluble más poderoso que se conoce. Ya en la célula, se la encuentra localizada en el medio hidrofóbico de las membranas, donde brinda protección a los fosfolípidos no saturados contra la degradación oxidativa consecutiva a la acción de los radicales libres. Esta acción la realiza debido a su gran capacidad para desactivarlos convirtiéndolos en metabolitos no dañinos.

Como depurador de radicales libres que se hallan en las membranas de las células, es evidente que la vitamina es un componente esencial del sistema antioxidante de las células.

En este proceso de depuración de radicales libres también intervienen otros factores enzimáticos como las dismutasas de superóxido, las glutatión peroxidasas, las glutatión reductasas, la reductasa de tiorredoxina, algunas catalasas y factores no enzimáticos como el glutatión y el ácido úrico; muchos de los cuales dependen de buenas concentraciones de otros nutrimentos esenciales (selenio, cobre, zinc, magnesio, manganeso, riboflavina y otros) para su correcto funcionamiento. A esto se debe que la función antioxidante de la vitamina E se vea afectada, positiva o negativamente, por el estado nutrimental de cada persona.

Así pues, la vitamina E y los nutrimentos esenciales relacionados en conjunto son muy importantes para proteger el organismo contra procesos relacionados con el estrés oxidativo, como lo son: el envejecimiento, la artritis reumatoide, la coronariopatía, hipertensión arterial, asma bronquial, enfisema pulmonar, cataratas, degeneración macular, retinopatía diabética, diabetes, enfermedad de Parkinson y cáncer.

La vitamina E se halla en buenas cantidades aceites, germen de trigo y aguacate. Su actividad en los alimentos es aumentada por los tocoferoles y los tocotrienoles. De estos, los predominantes en los alimentos comunes son los tocoferoles alfa y gamma.

Por lo general, los tejidos animales contienen cantidades muy bajas de vitamina E, de los cuales el tejido adiposo es el que la contiene en mayor concentración. En la actualidad, se le han descubierto grandes propiedades cardioprotectoras. Un estudio, el Cambridge-Harvard de antioxidantes, reportó que la vitamina E puede reducir los infartos miocárdicos hasta en 47 por ciento. Otros análisis han presentados resultados similares y han concluido que ante buenos aportes de la vitamina, menor será el riesgo de adquirir la enfermedad coronaria.

Aún más: la vitamina E ha demostrado ser eficaz para prevenir muchos otros problemas de salud. Puede reforzar, de manera muy importante, el sistema inmunológico, inhibe el desarrollo de las células cancerosas, reduce la aparición de complicaciones propias de la diabetes; puede ser útil para inhibir el deterioro cerebral causado por la enfermedad de Alzheimer; además, contribuye a disminuir los niveles del colesterol malo y a elevar los del colesterol bueno.

En general, la vitamina E nos brinda protección contra todos aquellos procesos patológicos causados o desencadenados por los radicales libres.

La vitamina E incluye ocho compuestos diferentes, la mitad de ellos son subtipos del tocoferol y se les llama alfa, beta, delta y gamma. Alfa y gamma son, con mucho los más importantes. El alfa-tocoferol, la forma más estudiada de la vitamina E, se encuentra sobre todo en suplementos dietéticos, mientras que el gamma-tocoferol podemos obtenerlo de los alimentos.

El alfa-tocoferol es la forma más efectiva para protegernos de las enfermedades cardiovasculares.

Los tocotrienoles, otro grupo poderoso de neutralizadores de radicales libres, se potencializan con los tocoferoles para proporcionarnos una gran protección contra dichos radicales libres y la enfermedad.

Entre los más poderosos antioxidantes se encuentra un aminoácido llamado N-acetilcisteína (NAC). Este aminoácido nos protege de diversas maneras y tiene especial afinidad por el tejido pulmonar. También constituye la materia prima para la síntesis del glutatión, que es el antioxidante predominante en el cuerpo.

El glutatión fortalece al sistema inmunitario, protege los tejidos de la acción dañina de los metales pesados y de los radicales libres, y favorece el metabolismo normal de las células.

Junto con la NAC, el glutatión es muy efectivo para reparar el daño causado a los pulmones, hecho sobresaliente si tenemos en cuenta que las vías respiratorias, así como su mucosa, son muy vulnerables a la acción perjudicial de los radicales libres, toxinas y otros contaminantes ambientales que diariamente respiramos, lo cual conduce a que se presenten reacciones defensivas de tipo inflamatorio e inmune.

Ante esta situación, nuestros grandes aliados, la NAC y el glutatión entran en acción y ayudan a combatir, de manera muy eficaz, padecimientos como el asma, la bronquitis y el enfisema.

Además de limpiar nuestros pulmones de la acción de los radicales libres, de toxinas y de la inflamación, la NAC también nos protege contra diversas formas de cáncer, de infecciones bacterianas y virales y de los ataques al corazón.

Es comprensible, entonces, que cada vez sea más necesario protegernos con antioxidantes de la acción dañina de los radicales libres. Si bien es cierto que nuestro organismo está diseñado de manera que barre con estos radicales libres, en muchas ocasiones eso no es suficiente. Miles de toneladas de contaminantes son lanzados a la atmósfera cada día y la mayoría de ellas son precursores de radicales libres. Cada vez que se pasa junto a un autobús que arroja una nube de humo, que se está junto a alguien que se encuentra fumando, que se limpia el piso con amoniaco o lejía, que se entra en contacto con pesticidas u otras sustancias tóxicas, que se llena el depósito de gasolina del automóvil o que se inhala ozono, se llenan nuestros pulmones de radicales libres.

Varios estudios actuales han reportado que muchas de las enfermedades crónicas causadas por radicales libres se inician a través de la oxidación de lípidos, ácidos nucleicos y proteínas. Como ejemplo podemos citar el hecho de que el mecanismo por medio del cual se produce la aterosclerosis es mediado por compuestos de radicales libres llamados "especies de oxidación reactiva". Estos productos incluyen al radical superóxido, al radical hidroxilo y al peróxido de hidrógeno. Una vez formadas estas especies, reaccionan con ácidos grasos insaturados, presentes en las proteínas de baja densidad y, como consecuencia, se forman peróxidos de lípido, que es otra especie de radical libre. Al igual que todos los radicales libres, estos peróxidos provocan la oxidación de otros compuestos, entre los que se incluye a las proteínas.

Además de los compuestos oxidados en las lipoproteínas, en los diferentes líquidos corporales también existen productos oxidados de lípidos, carbohidratos y proteínas.

Se ha demostrado que los suplementos de antioxidantes reducen en forma significativa estos niveles; incluso, una dieta equilibrada, en la cual abunden las frutas y las verduras también lo puede llegar a conseguir de una manera muy eficaz.

Un método indirecto para evaluar el grado de estrés oxidativo, consiste en medir los niveles de compuestos antioxidantes, presentes en los distintos líquidos corporales. Esto es posible llevarlo a cabo puesto que dicho estrés oxidativo se halla íntimamente relacionado con los niveles de vitaminas antioxidantes como la A, C y E, de minerales como el selenio, de importantes fitoquímicos que tienen propiedades antioxidantes como el licopeno y los carotenos, entre muchos otros y de enzimas endógenas antioxidantes como el glutatión y la dismutasa de superóxido.

La acción protectora de los antioxidantes se logra, como ya se dijo, neutralizando los radicales libres; de no lograrse esto, el daño oxidativo altera las defensas del organismo contra diversas enfermedades, incluyendo al cáncer. Y es que la afectación cromosómica está directamente relacionada con la mutación y los consecuentes carcinomas.

En cuanto al proceso del envejecimiento, los radicales libres producen una gran variedad de cambios degenerativos, que afectan la calidad de vida de las personas debido a que de esos cambios se originan enfermedades incapacitantes como la artritis reumatoide, las cataratas, las enfermedades cardiovasculares, asma, enfisema pulmonar, degeneración macular y muchas otras.

Estudios de más de diez años de duración han demostrado el buen estado de salud de grandes grupos de personas que durante años se han alimentado sanamente, incluyendo en la dieta cantidades generosas de frutas y verduras y hasta suplementos de antioxidantes. En cambio, sucede lo contrario en individuos que llevan un desorden alimenticio y que no ingieren con regularidad vegetales. Son personas, muchas de ellas, con su capacidad física mermada a causa de la enfermedad, con un sistema inmunológico deprimido o no muy competitivo y, con una saturación de radicales libres en su organismo. Todo esto causado por los bajos niveles de antioxidantes.

Pero volviendo al tema del envejecimiento, éste es un proceso que afecta a todo el cuerpo y en el cual cada órgano pierde funcionalidad, en mayor o menor grado, y también en el que tienen mucho que ver los radicales libres y los antioxidantes. No todos los individuos envejecen con la misma rapidez, algunos lo hacen más lentamente, mientras que otros lo hacen con gran rapidez. Intervienen varios factores: genéticos, bioquímicos, ambientales, socioculturales, alimenticios y grado de salud o enfermedad. Sin embargo, aún no se comprenden con exactitud los procesos que controlan la celeridad con la cual se presenta la senilidad. Por eso desde hace varios años se han postulado varias teorías que tratan de explicar este acontecimiento. De ellas, la que más aceptación tiene, por ser la que más resultados contundentes ha aportado mediante múltiples estudios, es la teoría de los radicales libres, sustancias muy reactivas que dañan los componentes celulares y que pueden ser desactivados por los antioxidantes y reparan el daño.

Además de la acción benéfica de los antioxidantes, otro modelo nutricional que ha demostrado tener cierto éxito para prolongar la vida es aquél en el cual se ha restringido, de manera muy considerable, el aporte alimentario de energía. Es más, muchos otros estudios han verificado que también se reduce, de modo considerable, la susceptibilidad a padecer enfermedades degenerativas y se retardan muchos cambios fisiológicos que tienen que ver con el envejecimiento.

Otros estudios recientes han comprobado en forma contundente que la restricción de alimentos, sobre todo dañinos o chatarra, influye positivamente en el retardo del envejecimiento, al proteger contra el daño ocasionado por los radicales libres.

Algunas investigaciones nos indican que los efectos de la restricción de alimentos sobre el proceso del envejecimiento prematuro son atribuibles a cambios que se experimentan en la modulación y en la expresión de muchos genes; sin embargo, por el momento estos estudios no son concluyentes, aunque se sigue profundizando en el tema.

Y es que si consideramos que el envejecimiento es un proceso normal, que comienza prácticamente con la concepción y termina con la muerte, y que como consecuencia de este proceso existe, en mayor o menor grado, pérdida de células y una menor eficiencia y alteraciones en la función de los órganos, entonces podemos imaginarnos la gran relevancia que tienen los genes en el desarrollo de la senilidad.

Debido a ello, el envejecimiento se caracteriza por una pérdida progresiva de la masa corporal magra y un aumento en la grasa, y por cambios funcionales en la mayor parte de los sistemas del organismo. En su proceso, entre otros, tienen que ver factores genéticos, alimentarios y ambientales.

Respecto al factor ambiental y su influencia en el envejecimiento ha quedado de manifiesto, por ejemplo, con el hecho de que en la actualidad, las mujeres españolas son las más longevas de toda la Unión Europea, con una media de vida de 83.7 años; les siguen las suecas con una expectativa de vida de 82 años.

Esta longevidad de las españolas se relaciona con algunos componentes habituales de la dieta mediterránea. En este sentido, un amplio estudio realizado en fechas recientes por la Universidad de Harvard ha concluido que dos elementos antioxidantes que se encuentran en el vino tinto y en el aceite de oliva (resveratrol y flavonoides) tienen mucho que ver en ello. Ambos componentes tienen un efecto similar al de las dietas hipocalóricas que han demostrado alargar la vida a animales de experimentación.

Asimismo, los niveles elevados de glutatión se relacionan con la prolongación en el tiempo de vida y con una mejor conservación del organismo a pesar de los años. Un estudio reciente de la Universidad de Nebraska, en los Estados Unidos ("drugs and aging"), reportó que la expectativa de vida puede aumentarse en varios años si se lleva una dieta saludable, que incluya diariamente frutas y verduras, si se eliminan malos hábitos y si se practica algún tipo de ejercicio, como caminar todos los días.

Podemos añadir más bienestar a nuestro cuerpo si consumimos antioxidantes. Se ha comprobado que una de las mejores formas de prevenir enfermedades y de agregar años a nuestra existencia consiste en incluir suplementos de vitamina E en nuestra alimentación.

Así pues, los buenos hábitos alimenticios, los antioxidantes, el ejercicio y la eliminación de vicios, constituyen la base más sólida para llegar a disfrutar de una buena vejez.

9

Controle su peso

El peso del cuerpo está estrictamente determinado por la diferencia entre el número de calorías ingerido y el número de calorías gastado.

Si le aportamos al cuerpo más calorías, o energía, de la que gasta, las calorías se acumulan en forma de grasa y se presenta lo que se llama un balance nitrogenado positivo.

Si el número de calorías que recibe el organismo es aproximadamente igual al que gasta diariamente, el cuerpo se mantiene en equilibrio, es decir, no gana ni pierde peso y su balance nitrogenado es cero. Por supuesto, esta situación es la más recomendable.

Si el aporte de calorías es menor a lo que el cuerpo gasta, éste hace uso de las reservas y se baja de peso, es decir, se presenta un balance nitrogenado negativo. Este estado es el que se pretende lograr en casi todas las dietas u otros tratamientos de control de peso.

En la actualidad el exceso de peso, es el trastorno más frecuente de la nutrición. Es tal el número, alarmante de personas con esta afección, que en nuestro país la Secretaria de Salud ya lo considera como un problema de salud pública.

La obesidad es más común, por lo menos hasta ahora, en las mujeres que en los hombres y se le asocia en forma directa con una mayor mortalidad y con más susceptibilidad de desarrollar muchas enfermedades crónicas como cardiopatía, diabetes, hipertensión, enfermedad biliar, cáncer y osteoartritis. Estudios han reportado, desde hace muchos años, que las tasas de mortalidad son dos veces más altas en mujeres obesas que en las delgadas o con peso normal.

Casi siempre, la mayoría de las personas mantienen un peso constante debido a la interacción de un sistema complejo de mecanismos neurales, hormonales y químicos que mantienen el equilibrio entre el consumo y el gasto de energía, un balance nitrogenado cero. Por estos motivos no puede considerarse que el exceso de peso sea resultado exclusivamente de excesos alimenticios. Hay personas que comen mucho y no están obesas y existen otras que comen poco y sí lo están. Más bien, las anormalidades de estos mecanismos resultan ser las principales causantes del sobrepeso y el exceso en el comer sólo es un agravante más.

El sobrepeso es un problema complejo que va más allá de una mera cuestión de autocontrol. Por desgracia, todavía los obesos siguen sufriendo discriminación en lugares como las agencias de colocación, escuelas, universidades y clubes. En este caso, las víctimas son atrapadas en un círculo vicioso que les causa una baja en su autoestima, depresión y sobrealimentación y, en consecuencia, aumento de peso.

No obstante, la ciencia médica ha ido sustituyendo el punto de vista simplista de la obesidad como un reflejo de un consumo excesivo de alimentos, acompañado de una actividad física deficiente o nula, por el reconocimiento de la interacción compleja de factores fisiológicos, metabólicos y genéticos que conducen a un estado físico indeseable.

Por lo tanto se debe fomentar la obtención de una mejor asistencia médica para intentar corregir la afección, el logro de un número mayor de investigaciones sobre la obesidad y de una mayor cantidad de instituciones de salud que traten a este problema como se sanan otras muchas enfermedades.

El peso corporal está constituido por el tejido óseo, músculo, órganos, líquidos corporales como la sangre y tejido adiposo. Todos estos componentes están sujetos a experimentar cambios normales como en la etapa del crecimiento, el estado reproductor, la variación en la cantidad de ejercicio físico y el envejecimiento. El agua, constituyente de hasta un 60 a 65 por ciento del peso corporal, es el componente más variable dependiendo del grado de hidratación o de deshidratación.

Pero el aumento excesivo de peso o la verdadera pérdida de éste, se relaciona más estrechamente con un cambio en los depósitos de grasa, es decir, en el tejido adiposo. Recuérdese que es aquí donde la grasa, que es la reserva de energía primaria del organismo se almacena en forma de triglicéridos.

Por lo general la cantidad de grasa para una mujer adulta fluctúa entre 20 y 25 por ciento del peso corporal. De esa cantidad, aproximadamente 12 por ciento es grasa esencial, llamada así por estar localizada en sitios específicos (como las mamas) y que se requiere para el correcto funcionamiento del organismo.

En los hombres la cantidad de grasa corporal normal es de 12 a 15 por ciento y sólo un 3 por ciento, aproximadamente, es considerada grasa esencial.

Tanto en hombres como en mujeres la grasa esencial se distribuye o se almacena en el corazón, hígado, bazo, pulmones, intestinos, riñones, médula ósea, músculos y cerebro.

Cabe mencionar que bajos niveles de grasa esencial no son compatibles con un estado de salud normal.

Con base en la distribución de la grasa corporal, existen cuatro tipos o variedades de obesidad: en el tipo I, también llamado forma ovoide, no existe una concentración o distribución específica de la grasa en alguna zona o área del cuerpo. En el tipo II, la concentración corporal de la grasa sí adopta una forma o distribución en el tronco, en la región abdominal, en forma de manzana, o también llamado tipo androide porque es mucho más frecuente en los hombres. Múltiples estudios realizados en varias partes del mundo han demostrado que este tipo de obesidad se relaciona en alto grado con una mayor resistencia a la insulina. El tipo III se caracteriza por una gran acumulación de grasa en la cavidad abdominal, es decir, en la región visceral abdominal, este tipo de obesidad también es más frecuente en los varones que en las mujeres y tiene estrecha relación con padecimientos como la hipertensión, la diabetes y la hiperlipidemia. Por último, en el tipo IV de obesidad, la acumulación de grasa se desarrolla mucho más en los muslos y en los glúteos y el cuerpo adopta la forma de pera. A este tipo de obesidad también se le llama ginecoide y, como su nombre lo dice, es más frecuente en las mujeres.

Una de las razones por las cuales se puede acumular mucha grasa en el cuerpo es que los adipocitos pueden almacenarla en grandes cantidades, equivalentes hasta en 80 o 90 por ciento de su volumen. Así, el tejido adiposo aumenta al incrementarse en gran medida el tamaño de sus células, es decir, se hipertrofia; pero también puede aumentar elevándose el número de sus células o adipositos, a lo cual se le llama hiperplasia.

El sobrepeso puede ser el resultado de hipertrofia o de hiperplasia o de una combinación de ambos factores. Los depósitos de grasa pueden expanderse hasta mil veces sólo por hipertrofia, lo que puede darnos una idea de la gran cantidad de grasa que el cuerpo puede almacenar. Aunque además, es cierto que si se disminuye de peso por enfermedad, ejercicio, dieta o por cambios alimenticios, disminuye el tamaño del adipocito por la pérdida de grasa.

De esta manera, la prevención es de capital importancia debido a que una vez que la grasa aumenta y si se mantiene por mucho tiempo, implicará un mayor esfuerzo perderla.

La mayoría de la grasa de almacenamiento proviene de los triglicéridos. Éstos son transportados de los alimentos al hígado como componentes de los quilomicrones y posteriormente son extraídos de la circulación por una enzima llamada lipasa de lipoproteína que dentro de sus funciones incluye la de facilitar la extracción de lípidos de la sangre hacia el adipocito.

Se ha comprobado que la lipasa de lipoproteína se incrementa durante periodos de aumento de peso donde eleva su actividad transportando más grasa del plasma al adipocito. Este fenómeno se observa en personas que han dejado de fumar en el pasado reciente.

Es importante aclarar que en personas obesas que han bajado de peso los niveles en sangre de esta enzima no disminuyen, por el contrario, pueden aumentar y ésta es una de las razones principales por la que los kilos, que con tanto esfuerzo se habían perdido se vuelven a recuperar.

Sin embargo, existen diversos sistemas reguladores que nos ayudan a mantener el peso corporal dentro de los límites normales, dentro de los cuales se incluyen las sustancias neuroquímicas, las hormonas, las reservas de grasa, la masa de proteína y los factores alimenticios.

Como ya se ha mencionado las personas con sobrepeso corren el riesgo de desarrollar otras enfermedades crónicas como la hipertensión, la diabetes, coronariopatía, cáncer, cicatrización deficiente de heridas, disminución de la resistencia a las infecciones virales y bacterianas, trastornos respiratorios, osteoartritis, formación de cálculos biliares e hiperlipidemia. Algunos de estos trastornos crónicos se han englobado en lo que se ha dado en llamar el "síndrome X", mismo que se caracteriza por intolerancia a la glucosa, resistencia a la acción de la insulina, hiperlipidemia e hipertensión arterial.

Por lo que se refiere a las causas de la obesidad, todavía se sigue investigando, pero podemos afirmar que se debe a la interacción de factores genéticos, es decir hereditarios, hormonales, nerviosos, bioquímicos y a los hábitos alimenticios, aunados, muchas de las veces, a una nula actividad física.

Algunos medicamentos pueden favorecer el aumento de peso si se toman en dosis elevadas o por periodos prolongados. En este grupo se incluye a los anticonceptivos, antidepresivos tricíclicos y los glucocorticoides.

Asimismo, algunas enfermedades causan o tienden a acompañarse de sobrepeso: síndrome de Cushing, el ovario poliquístico, el hipogonadismo y el hipotiroidismo.

Muchos de los factores hormonales y neurales que intervienen en la regulación del peso normal, o sea, en su equilibrio, están regulados por los genes, es decir, por la herencia. Como ejemplo podemos citar las señales tanto a corto como a largo plazo que determinan la saciedad y el apetito. Pequeños defectos en su expresión o en su interacción pueden contribuir, en grado importante, al sobrepeso.

El número y el tamaño de los adipocitos, la distribución regional de la grasa y el metabolismo basal, también están influidos por la herencia.

En la actualidad, se calcula que el índice de masa corporal es heredable en cerca de 33 por ciento de los casos. Hallazgos recientes reportan que los genes confieren una mayor o menor susceptibilidad a desarrollar obesidad, desde luego que combinados con otros factores, sobre todo los que tienen que ver con la alimentación y los malos hábitos.

El número de genes y otros marcadores vinculados con la obesidad ha aumentado en los últimos años. De hecho, el mapa de genes del sobrepeso incluye genes en todos los cromosomas, excepto en el cromosoma Y, que es el que determina al sexo masculino.

Otros factores de gran cuantía que favorecen el sobrepeso son los malos hábitos alimenticios (exceso de refrescos, pastelillos, galletas, café, alimentos ricos en grasa y colesterol, café y dulces) y el sedentarismo.

En muchos países, excesos alimenticios y sedentarismo son las principales causas de obesidad. Ambos factores los podemos superar si tomamos la decisión de hacerlo.

Los cánones de belleza nos exigen una figura esbelta, libre de sobrepeso. Las modas están diseñadas para lucirse en cuerpos estilizados y carentes de esos indeseables kilos de más. Esto ha provocado que en el mercado surja una avalancha de recetas, "productos mágicos" y hasta nuevas técnicas quirúrgicas para bajar de peso. Pero debemos ser cautos al respecto porque muchos de estos productos provienen de charlatanes y en muchas ocasiones ha resultado peor el remedio que la enfermedad o sencillamente no aportan ningún beneficó pero sí riesgos para nuestra salud.

Y es que ganar peso es muy sencillo, pero perderlo se convierte, para algunas personas, en una tarea titánica.

En lo que respecta al tratamiento de la obesidad debe quedar claro que la solución eficaz para este problema consiste en llevar una dieta equilibrada, hacer ejercicio y realizar algunas modificaciones en el estilo de vida para eliminar malos hábitos. En estos tres factores se concentra el éxito, vale la pena intentarlo y si además agregamos una buena dosis de determinación, es muy probable que venzamos al sobrepeso.

Un buen tratamiento contra la obesidad debe concentrarse no sólo en la reducción de peso, sino en el control del mismo para no volver a recuperar los kilos perdidos al poco tiempo, como dice el refrán "Lo importante no es llegar, sino mantenerse".

Está comprobado que siguiendo una dieta equilibrada, baja en calorías, haciendo un ejercicio tan sencillo como caminar diariamente de 30 a 45 minutos y eliminando malos hábitos como el tabaquismo, el exceso de alcohol, café, refrescos y golosinas, se pierde peso en forma progresiva y, lo que es más importante, sin poner en riesgo nuestra salud. Asi, una persona que ha logrado disminuir su peso en 10 por ciento o más tiende a mejorar su presión arterial, a bajar el colesterol y los triglicéridos y, si es diabético (a), a mantener su glucosa dentro de lo normal. Además en personas obesas que han logrado una disminución considerable de kilos, se ha reducido la incidencia de males cardiovasculares y ha aumentado su longevidad.

Para controlar el peso, es indispensable que tanto la persona obesa como el médico tratante establezcan metas realistas; es decir, con una pérdida de kilos moderada y no espectacular que ponga en riesgo la salud del paciente.

Además, la persona que se somete a un régimen de control de peso debe realizarse una valoración completa que incluya los factores hereditarios, alimenticios, hormonales, biológicos (se requiere de un electrocardiograma y pruebas de la función respiratoria para aplicar los programas de acondicionamiento físico), socioculturales y, sobre todo, el psicológico.

Las mujeres con sobrepeso que padecen de neurosis de ansiedad, tienden a "controlar" este problema ingiriendo tentempiés a cada momento, lo que repercute en forma negativa en su organismo aumentando más kilos. En este tipo de pacientes tiene una aplicación especial la regla médica que dice: "Es mejor tratar a la persona que tiene la enfermedad que la enfermedad que tiene la persona".

La dieta adecuada, entonces, dependerá del grado de obesidad y de la actividad física que desempeñe cada persona y se puede clasificar en tres categorías: una dieta de déficit moderado que aporte unas 1,200 calorías por día en las mujeres y unas 1,400 en los hombres; una dieta restringida en calorías que brinde entre 800 y 1,000 calorías diarias en las mujeres y de 1,000 a 1,200 en los varones, por día y, una dieta muy restrictiva que aporte menos de 800 calorías diarias, tanto en hombres como en mujeres.

Es importante que cualquiera de estos tipos de dieta sea relativamente alto en carbohidratos complejos, sobre todo en almidones (50 al 60 por ciento del total de las calorías), con abundante proteína (20 a 30 por ciento de las calorías), con el fin de evitar la conversión de proteína alimentaria en energía. El contenido de grasa no deberá exceder de 20 o 25 por ciento y la dieta deberá ser rica en algunas frutas y, en especial, en verduras ya que éstos poseen un valor calórico muy bajo, son muy nutritivas y benéficas para el organismo y tienen una gran cantidad de fitonutrientes.

Además, es indispensable que este tipo de dietas se refuercen con buenos hábitos como el de beber diariamente por lo menos dos litros de agua purificada, yogurt y fibra adicional para reducir, aún más, el aporte calórico, fomentar la sensación de llenado gástrico y para mantener el funcionamiento eficaz del intestino al cien por ciento.

Asimismo, existen dietas muy restrictivas con alto aporte de carbohidratos complejos (80 por ciento) y muy pobres en grasa (sólo un 10 por ciento), que producen una pérdida rápida de peso, en pocas semanas, y que nutricionalmente son adecuadas pero que implican un sacrificio mayor. Estas dietas se basan en el principio de que la grasa aporta más del doble de calorías (9 por cada gramo) que las proteínas y los carbohidratos (4 por cada gramo) y al restringir su consumo se disminuirá en gran medida el contenido calórico del alimento. Así, una dieta eficaz es la que controla, de la mejor manera, este nutrimento.

Podemos hacer un cálculo aproximado de la cantidad de grasa que requerimos diariamente, a través de los alimentos. Una regla sencilla consiste en dividir el número de calorías que necesitamos por día; supongamos que es de 1,800, entre cuatro, lo que da por resultado 450 calorías. Si cada gramo de grasa nos aporta 9 calorías, entonces requeriremos de 50 gramos de grasa, repartida en las tres comidas del día.

El café, refrescos, productos de bollería, golosinas, fritangas y el alcohol, se deben suprimir lo más posible ya que son fuentes innecesarias de energía, pues nutren muy poco y provocan un aumento de peso. Con frecuencia, los alcohólicos tienden a ganar peso entre otras razones por las calorías que el alcohol aporta a las de la dieta habitual; además, el consumo cotidiano de alcohol favorece el almacenamiento de grasa corporal y, por lo tanto, debe considerársele como un factor de riesgo para la obesidad.

Por otra parte, cabe señalar que algunas personas que se someten a dietas muy estrictas presentan debilidad muscular. Los suplementos de vitaminas y minerales pueden atenuar el problema; incluso, existen algunas dietas de fórmula o de supresión de un alimento que han demostrado su efectividad y que vienen enriquecidas con algunas vitaminas, minerales (como el cromo), proteínas de gran calidad, carbohidratos y grasa monoinsaturada en una cantidad moderada. Por su contenido equilibrado de nutrientes y por el número de calorías que aportan, a estas formulas se les considera seguras y, por lo mismo, recomendables

Otro aspecto fundamental cuando se pretende bajar de peso es la modificación en el estilo de vida lo cual implica un cambio de conducta, que, a menudo, es difícil de conseguir. Para lograrlo es necesario un análisis del comportamiento con el propósito de identificar factores o circunstancias relacionados con el consumo de alimentos, vicios o hábitos de pensamiento inapropiados o apropiados y el ejercicio y nuestra disposición para realizarlo. Se debe analizar todo aquello que refuerce conductas o actitudes que nos perjudiquen así como nuestra disposición para corregirlo. Por ejemplo, si una persona cuando se encuentra estresada come de manera compulsiva a cada instante, deberá ser consciente de esta situación y se le proporcionará la ayuda adecuada para eliminar ese comportamiento. No obstante, es indispensable que el propio paciente adquiera la responsabilidad de sí mismo.

Por lo que se refiere al ejercicio, constituye una parte esencial de cualquier buen programa de control de peso. Son muchos los beneficios que aporta al paciente obeso: al aumentar la masa corporal magra, se favorece una disminución en los depósitos de grasa y de la tasa metabólica en reposo. También, al disminuir las reservas de glucógeno, se contribuye a utilizar la grasa como combustible, es decir, "se quema grasa", se fortalece el aparato cardiovascular, disminuyen los triglicéridos sanguíneos y el colesterol malo, se normalizan lo niveles de glucosa y de la presión arterial, aumenta la autoestima, y, en general se proporciona una sensación de bienestar tanto físico como mental.

Adquirida una buena condición física, es formidable una combinación de ejercicio aeróbico con el de resistencia. Este último aumenta de forma considerable la masa muscular magra así como la tasa metabólica en reposo y la capacidad para emplear una mayor proporción del consumo de energía; también, incrementa la densidad mineral ósea, lo cual es fundamental, sobre todo para las mujeres.

El aumento en el ejercicio, tanto en tiempo como en intensidad, provocará un déficit de energía, inclusive sin la dieta, de tal manera que sólo con el ejercicio pueden lograrse reducciones de 4 o 5 kilos o más, dependiendo del tipo y la intensidad del mismo.

La constancia en el ejercicio produce que la capacidad limitada de la masa muscular para aumentar sea superada por la reducción, más o menos rápida, de los depósitos de grasa, lo que conduce a una disminución real en el peso corporal.

Lo más recomendable es practicar ejercicio diariamente o, por lo menos, cada tercer día. Estudios al respecto revelan que la mayoría de los beneficios se obtienen con una actividad física moderada, suficiente para gastar de 200 a 300 calorías al día. Esta meta se consigue con el solo hecho de caminar entre 30 y 45 minutos al día.

Cualquiera que sea el tipo de ejercicio que se adopte para practicarlo, deberá ser placentero, acorde a la edad de la persona, fácil de realizar, no extenuante y accesible desde el punto de vista económico.

Como se mencionó, existen algunos medicamentos en el mercado que se recomiendan para adelgazar; sin embargo, por sí solos no son tan efectivos a menos que se empleen como complemento de una dieta equilibrada. Estos fármacos producen un déficit de energía actuando directamente sobre el sistema nervioso para suprimir, en forma parcial, el apetito. También, actúan aumentando el metabolismo e interfieren con la absorción de la grasa, no obstante pueden llegar a causar reacciones secundarias, la mayoría de las veces leves (dolor de cabeza, insomnio, palpitaciones, resequedad de boca y estreñimiento), pero que en algunas personas susceptibles pueden ser graves. En el caso de las anfetaminas, pueden provocar adicción y varias reacciones indeseables, por lo que su uso no se recomienda.

El clorhidrato de fenfuramina y el clorhidrato de dexfenfluramina, fueron retirados del mercado desde hace unos ocho años debido a que se comprobó que dañaban las válvulas cardiacas. En esta patología se descubrió que las válvulas tomaban un aspecto blanco lustroso, muy parecido a una placa ateromatosa y que se acompañaba de regurgitación.

Otro medicamento que se debe prescribir con cautela es la sibutramina y definitivamente no se debe utilizar en pacientes que padecen de hipertensión arterial, de cardiopatía coronaria, arritmias cardiacas, insuficiencia cardiaca congestiva y en epilepsia.

Existe otro grupo de medicamentos que no actúan sobre el sistema nervioso central y, por lo tanto no son supresores del apetito sino que su mecanismo de acción se centra en el intestino delgado inhibiendo la absorción de las grasas en forma selectiva. Esta disminución en la absorción puede llegar a ser hasta de 30 por ciento. Sin embargo, algunos pacientes presentan disminución en la absorción de las vitaminas liposolubles, problema que se puede corregir mediante la administración de suplementos de vitaminas A, D y E. Los beneficios para la salud, además de la reducción de peso, son: una reducción en los niveles de los triglicéridos sanguíneos, así como del colesterol de baja densidad, elevación del colesterol de alta densidad, un mejor control glucémico y bajas en la presión arterial.

En caso de utilizar fármacos, la recomendación más importante es que se deben ingerir sólo bajo prescripción y vigilancia del médico. Él es el único que, con base en una valoración, recomendará el mejor medicamento, en caso de necesitarse. Y es que no todas las personas responden favorablemente a los fármacos para bajar de peso, inclusive hay muchas que no los toleran y presentan reacciones graves de hipersensibilidad; pero en las que sí funcionan positivamente, cabe esperar una reducción de peso de aproximadamente 500 gramos por semana y muchos estudios han reportado que esta pérdida de peso puede mantenerse mientras se esté ingiriendo el medicamento. Otros estudios a largo plazo manifiestan que la mayor parte de la reducción ocurre en los primeros seis meses del tratamiento. Asimismo, se ha demostrado un mantenimiento importante en la reducción de peso después de un año o más, siempre y cuando se continúe con el fármaco.

Una desventaja de ingerir ese tipo de medicamentos es que una gran cantidad de pacientes recupera el peso perdido una vez que ha suspendido el fármaco, situación que se debe tomar en cuenta antes de iniciar un tratamiento.

En muchas de ocasiones, las conocidas cápsulas adelgazantes incluyen un "coctel" de principios activos de diversa composición y procedencia que en su conjunto prometen una rápida pérdida de peso, lo cual representa un grave peligro; su venta y prescripción están fuera de toda ética por que atentan contra la salud de la persona que las ingiere. En su composición aparecen combinadas sustancias con acciones laxantes, diuréticas, hormonales, de supresión del apetito y psicotropas que a veces no se enlistan en la fórmula que se incluye en la etiqueta del envase.

Algunas de las sustancias que se pueden encontrar en este tipo de cápsulas son: bumetadina, furosemida, té, piña, plántago, cafeína, anfetaminas, cloracepato, levotiroxina, triyodotirosina, extracto de tiroides, vitamina C, magnesio, zinc y cromo.

En la actualidad, es tal la demanda de productos para adelgazar que, con mucho, la charlatanería es la que ha salido ganando. En los últimos años han aparecido en el mercado una serie de "productos mágicos" con la etiqueta de suplementos y complementos dietéticos para adelgazar sin necesidad de hacer dieta. Entre otros, se incluye al suero láctico, el absorbitol y el vinagre de manzana encapsulado.

El suero láctico es un preparado natural que se obtiene mediante la coagulación de la leche de vaca y su posterior deshidratación. Se compone principalmente de lactosa y, en menor proporción, de proteínas y grasa. Se calcula que cada 100 mililitros aportan sólo 26 calorías y se recomienda ingerirlo, como sustituto del desayuno o de la cena, en una cantidad máxima de 250 mililitros por día. No obstante, ninguna investigación seria avala su efectividad como adelgazante y, además, tiene el agravante de que puede ser perjudicial para la salud.

Al absorbitol, también llamado "el imán de las grasas", se le incluye dentro del grupo de la fibra alimentaria, es un derivado de la chitina, un polisacárido que se encuentra en los camarones, langosta y otros crustáceos. Actúa a nivel del intestino delgado interfiriendo en la digestión y absorción de las grasas. Su efectividad como adelgazante ha sido comprobada en animales, pero en humanos los resultados son contradictorios y no concluyentes por lo que su uso no es recomendable.

En cuanto al vinagre de manzana encapsulado, sus fabricantes lo presentan como una maravilla que disminuye el apetito y como un "devoragrasas" que actúa de manera eficaz suprimiendo los depósitos de grasa en vientre, caderas, glúteos y muslos; sólo que no existe algún estudio científico que avale esto.

Prácticamente ninguno de tantos "productos mágicos" para adelgazar de forma sencilla, sin "padecer las molestias" del ejercicio físico o el sometimiento a una "sacrificada dieta" funcionan. Las pomadas, cremas, fajas, cintillas, vibradores, cápsulas, tónicos, etc., lo único que han demostrado es su ineficacia. Y si nos referimos a los que son promocionados con la supuesta cualidad de encapsular la grasa, la realidad no es muy distinta; no funcionan y no se consiguen buenos resultados; en cambio, pueden provocar daños graves como lo son las obstrucciones intestinales.

Por desgracia, la batalla para perder peso de manera sencilla ha cobrado la vida de muchas personas, y otras más, luego de haber corrido el riesgo, han quedado discapacitadas a pesar de que las autoridades sanitarias realizan su esfuerzo para contrarrestar la promoción de esos productos milagrosos y la proliferación de clínicas donde se ofrecen diversos tratamientos de dudosa calidad contra la obesidad.

Para contrarrestar ambos fenómenos, se ha instaurado la Norma Oficial Mexicana NOM-174-SSA-1998 para el tratamiento científico de la obesidad, la cual es muy clara al respecto ya que en el capítulo destinado a la publicidad menciona que ésta deberá someterse a los siguientes lineamientos: *a)* no anunciar la curación definitiva del sobrepeso, *b)* no promover la utilización de medicamentos "secretos" o fraccionados, *c)* no promover productos, insumos o tratamientos que no estén respaldados científicamente en investigación clínica, y *d)* no sustentar tratamientos en aparatos electrónicos o mecánicos, reductores de peso, como única opción.

A continuación se mencionan algunas recomendaciones para que permanezcamos alerta: *1)* no existen evidencias científicas que respalden el uso de las cápsulas cóctel para el tratamiento de la obesidad; *2)* por lo general, los laxantes no funcionan para reducir peso puesto que en la zona del intestino donde actúan ya se ha producido la absorción de los nutrientes, incluyendo la grasa; *3)* la hormona tiroidea, que regula fisiológicamente el metabolismo del cuerpo, sólo deberá ser utilizada en los casos en los que se haya comprobado que la glándula tiroides funcione anormalmente, como es el caso del hipotiroidismo. Usada de manera indiscriminada, esta hormona favorece el consumo de proteínas y disminuye el calcio de los huesos en algunas personas, lo que puede ocasionar osteoporosis; *4)* los diuréticos provocan una disminución del volumen del agua corporal y además se pierde potasio, pero no disminuyen la grasa, de tal manera que sólo serán útiles en aquellas personas que retienen líquidos y deberán ser prescritos por su médico de confianza; y *5)* ningún tratamiento farmacológico para la obesidad aporta resultados favorables si no va acompañado de una dieta equilibrada y de ejercicio.

En cuanto al tratamiento quirúrgico de la obesidad, las cirugías con este fin se vienen realizando, con algún éxito, desde hace 50 años. Así, en la década de los cincuenta, cortar un tramo de intestino era la solución, pero representaba una serie de problemas digestivos y metabólicos; después, se empleó el *by pass* gástrico (una restricción gástrica), una técnica que consistía en suprimir una parte del estómago y se hacía una conexión con el duodeno, pero muchos de los pacientes presentaban inflamación gástrica, náuseas y vómitos persistentes. Años más tarde se empezaron a utilizar con cierto éxito las grapas.

En la actualidad, el método quirúrgico más eficaz y seguro es la colocación de bandas gástricas. La banda se adhiere en el estómago por medio de una laparoscopia y, como es ajustable, controla el peso y en la medida en que éste disminuye, la liga se puede desinflar o inflar, de acuerdo con las necesidades de cada persona. El objetivo fundamental es perder kilos aprendiendo a comer de un modo más saludable.

Cada año se afectúan más de 200,000 operaciones de ese tipo en el mundo. Cabe recalcar que esa operación deberá ser realizada por un especialista en la materia; además, primero se debe llevar a cabo una valoración pues sólo son candidatos a la cirugía personas de 18 a 65 años de edad, no cardiópatas y que tengan un sobrepeso de 25 kilos o más.

Otra técnica quirúrgica muy utilizada es la liposucción: consiste en la aspiración de depósitos de grasa a través de una incisión de 1 a 2 centímetros, a través de la cual se desplaza como un abanico una sonda por el tejido adiposo. Esta técnica posee mayores posibilidades de éxito en personas jóvenes que tienen pequeños depósitos de grasa que se pueden retirar en las zonas donde la elasticidad de la piel lo permite. No es un método para adelgazar, sino, más bien, una operación estética ya que sólo pueden retirarse 2 kilogramos de grasa a la vez y no en todas la gente que se somete al procedimiento se obtiene un resultado satisfactorio.

Por lo que se refiere a la obesidad en los niños, el problema se ha incrementado ya que en la actualidad 25 por ciento de ellos tienen sobrepeso o son obesos.

La obesidad infantil aumenta de manera considerable la predisposición para seguir siendo obeso en la etapa adulta, incluso, de por vida. Investigaciones recientes han reportado que para el niño que es obeso después de los 6 o 7 años de edad, la probabilidad de que continúe siendo obeso en la adolescencia y en la adultez, sobrepasa el 50 por ciento, y los riesgos son significativamente mayores si la madre o el padre, o ambos, son obesos y también si el paciente adopta malos hábitos alimenticios y si no practica ningún tipo de ejercicio.

El niño que supera el peso óptimo para un adulto, puede someterse sin riesgos a un régimen gradual de adelgazamiento hasta que llegue a su peso ideal siempre y cuando reciba la atención y el apoyo de su propia familia y del médico tratante y, realice un gran esfuerzo personal.

Como el niño se encuentra en pleno desarrollo físico, la dieta deberá estar muy bien equilibrada, no ser muy restrictiva en cuanto al contenido calórico y estar enriquecida con abundantes frutas y verduras y, en ocasiones, hasta con suplementos vitamínicos.

En los programas de control de peso para los niños, es muy importante incluir una fuerte actividad física, previa valoración médica, ya que toda dieta, por muy eficiente y equilibrada que sea, si no va acompañada de una buena cantidad de ejercicio, estará destinada al fracaso.

Con frecuencia, la inactividad acompañada de largas sesiones de televisión o de entretenimiento en la computadora, debe modificarse para que el niño pueda alcanzar el objetivo de tener un peso ideal a largo plazo.

Cabe aclarar que los fármacos no deben administrarse a niños ni a adolescentes en ningún régimen de control de peso.

Para todos los casos, sean niños o adultos, el pronóstico de mantener de manera permanente el estado de peso adecuado no es muy favorable, ya que de aquellas personas que lograron bajar los kilos que tenían de más, sólo entre 5 y 10 por ciento consigue conservarse en forma después de cinco años. Asimismo, se ha observado que las dietas continuas, con repetidas altas y bajas de peso, gradualmente conducen a una ganancia neta en la grasa corporal, situación que lleva implícito un riesgo de padecer hiperlipidemia, hipertensión arterial y diabetes.

Pero recuperar kilos después de haber seguido un régimen que implicó un gran esfuerzo, puede prevenirse, la clave está en el ejercicio físico y en la correcta modificación en el estilo de vida; ambos factores son decisivos para el mantenimiento del peso.

Dado que la obesidad es un padecimiento crónico, su control requiere de una continua modificación de los hábitos o conductas inaceptables que fomentan la ganancia de peso. Más importante aún: para mantener el peso y la figura que se desea, se debe seguir con regularidad una rutina de ejercicio físico. Éste deberá realizarse de preferencia diariamente o, por lo menos, cada tercer día.

Finalmente, los grupos de apoyo aportan un gran valor psicosocial tanto para el obeso que está sometiéndose a un régimen de reducción como para la persona que ya perdió kilos y que busca mantener su peso ideal.

Ese tipo de grupos brindan un apoyo inestimable en cuanto a comprensión mutua y ayudan a sus integrantes a hacer, frente a problemas similares de una mejor manera para que puedan cumplir con sus programas. Existen grupos que no implican un desembolso económico muy grande y que fomentan la amistad, la comprensión, la superación personal, la autoestima y otros valores que, por desgracia se han perdido en muchos pacientes obesos.

Consejos dietéticos intensivos para reducir lípidos

ABC del plan de alimentación inverso:
  A. Comida vegetariana: sin carne, pollo o pescado.
  B. No ingerir alimentos con grasa en la lista de ingredientes (por ejemplo, mezcla de crema batida, cremas lácteas para café, etc.)
  C. No deben consumirse alimentos muy ricos en grasa: por ejemplo, nueces, semillas, aguacate, aceitunas, avellanas.
  D. Consumo de grasa de 12-14 g por día.
  E. Sin grasas añadidas: no se añaden grasas, ni cremas o ningún alimento.

Utilícense estos alimentos diariamente:
  A. Verduras y frutas.
  B. Panes, cereales, pasta, almidones, arroz y granos.
  C. Tofu reducido en grasa.

D. Alimentos lácteos sin grasa.

E. Sustitutivos de huevo sin grasa y claras de huevo.

F. Granos y guisantes secos.

G. Sustitutivos de huevo sin grasa, como las hamburguesas de soya libres de grasa, los *nuggets* de soya texturizados y el gluten de trigo.

Para condimentar los alimentos (utilícese para salsas y caldos):

A. Rociadores y líquidos con sabor a mantequilla sin grasa.

B. Hierbas y sazonadores.

C. Caldo vegetal sin grasa.

D. Caldo a base de carne sin grasa.

Estrategias para prevenir la obesidad y la hipertensión en los niños

1. Limitar lo más posible las actividades sedentarias como las largas sesiones de televisión, computadora o juegos de video.

2. Implementar la actividad física diariamente.

3. Fomentar actividades recreativas en lugar de recompensas alimenticias.

4. Crear conciencia sobre la importancia de practicar alguna actividad física con regularidad.

5. Alentar la participación en juegos activos; conceder especial atención a los deportes que se pueden disfrutar durante toda la vida.

6. Modificar los hábitos alimenticios erróneos.

7. Adoptar una dieta balanceada baja en grasas y abundante en frutas, verduras y agua.

8. Limitar los antojos o, si se consumen, procurar los bajos en calorías.

9. Fomentar el consumo moderado de sal.

10. Alentar a los padres a ser modelos en el consumo de alimentos y el ejercicio físico.

10

Por su bien,
haga ejercicio

Practicar cualquier tipo de ejercicio o deporte con regularidad, de preferencia diariamente, representa gran beneficio a todos los aparatos y sistemas que componen el cuerpo humano. Los músculos se fortalecen, incluyendo el cardiaco, lo mismo sucede con el tejido óseo y los pulmones; el intestino y los riñones funcionan mejor, la circulación se reactiva y también el sistema nervioso.

La actividad física reduce de manera considerable el riesgo de padecer los temibles infartos y los accidentes vasculares cerebrales al retardar la formación de la placa de ateroma en las arterias, aumentar la vascularidad del miocardio y del cerebro y al fomentar la fibrinolisis y, por lo tanto, evitar la formación de coágulos.

Además, el ejercicio favorece la disminución del colesterol malo o de baja densidad e incrementa el de alta densidad o colesterol bueno; mejora la tolerancia a la glucosa y la sensibilidad a la insulina, lo que contribuye a controlar mejor nuestro peso; ayuda a mantener normales los niveles de la presión

163

arterial, a eliminar toxinas a través del sudor y eleva, en forma considerable nuestra estima.

En general, el ejercicio provoca bienestar, de ahí que se le considere *"el mejor antídoto contra el estrés"*. Por el contrario, la inactividad física nos puede predisponer a contraer enfermedades como la diabetes, las coronariopatias, la hipertensión arterial, la colitis, la depresión y la obesidad.

Los profesionales de la medicina deberíamos insistir en forma reiterada con todos los pacientes en que practiquen algún tipo de ejercicio físico que los lleve a cultivar su salud corporal y mental. Un cuerpo sano tendrá una mente sana, más despejada, más optimista, fresca, libre de estrés y lista para hacerle frente, de un mejor modo, a los problemas cotidianos.

Las reacciones bioquímicas que experimenta el organismo como consecuencia del ejercicio aportan una gran sensación de bienestar tanto físico como mental. Una gran cantidad de investigaciones han demostrado plenamente que la práctica constante del ejercicio libera varias sustancias emocionales en el cerebro llamadas endorfinas las cuales proporcionan un buen estado de ánimo y aumentan la autoestima y la confianza de las personas para poder afrontar con mejor actitud cualquier problema de carácter emocional, laboral familiar, económico o de salud. Ahora bien, el ejercicio no resuelve esos problemas, pero sí es seguro permite adquirir una actitud más positiva ante ellos. Y es que el funcionamiento cerebral es mucho mejor en personas que practican algún ejercicio que en las que llevan una vida sedentaria.

En lo que respecta al estrés crónico, éste, además de inhibir el sistema inmunológico, provoca el aumento de sustancias que son nocivas y que pueden enfermarnos pues pueden incrementar la presión arterial, disminuir nuestras defensas, afectar la memoria, incrementar el almacenamiento de grasas y triglicéridos y la inflamación y mal funcionamiento del intestino.

La actividad física regular es un gran antídoto contra todos esos trastornos. Todas las sustancias benéficas (endorfinas) que se liberan con el ejercicio constituyen un arsenal muy importante que neutraliza y elimina todos los químicos nocivos liberados por el estrés.

Entre otros muchos beneficios, el ejercicio mejora la calidad y la duración del sueño, lo que favorece el descanso placentero y el levantarse con energía y entusiasmo para enfrentar las tareas y los problemas diarios, de una manera más positiva.

Por otra parte, como ya se mencionó, el ejercicio y una alimentación sana deben ir de la mano para conseguir la meta de estar en forma. Por lo tanto, las personas que practican deporte deben cubrir de forma satisfactoria sus requerimientos energéticos para mejorar su salud y el rendimiento físico.

El cuerpo humano debe conseguir energía de modo constante para llevar a cabo su gran variedad de funciones. Conforme las demandas de energía de un individuo aumentan con el ejercicio, el organismo debe proporcionarla en forma adicional. Dicha energía se obtiene de los alimentos, sobre todo de los carbohidratos y de las grasas.

El cuerpo humano recibe su aporte continuo de combustible a través de un compuesto que se encuentra en las células del organismo, el ATP o trifosfato de adenosina.

La energía producida por la degradación del ATP activa los procesos que llevan a la contracción y a la movilidad muscular. La intensidad y el grado de ejercicio determinan la tasa de energía que se va a utilizar.

El ejercicio de corta duración y de gran intensidad, por ejemplo en las carreras cortas de velocidad, se fundamenta en la producción anaeróbica de ATP, esto se debe a que durante la actividad el cuerpo no puede extraer suficiente oxígeno y, por lo tanto, no puede emplear la vía aeróbica para obtener energía; además, sólo la glucosa almacenada en forma de glucógeno puede desdoblarse anaeróbicamente para producir el combustible requerido.

Los deportes como el básquetbol, volibol, futbol americano, futbol soccer y natación son algunos ejemplos de actividad física en las que los atletas tienen un mayor nivel de utilización de glucógeno debido a los accesos intermitentes de movimientos de gran intensidad, así como de fuerza.

En los deportes de intensidad moderada como la danza aeróbica, el béisbol, ciclismo, gimnasia, alpinismo y natación recreativa, aproximadamente la mitad de la energía que se requiere se obtiene de la degradación aeróbica del glucógeno depositado en los músculos; la otra mitad, la aportan la glucosa y los ácidos grasos presentes en la circulación.

En los ejercicios de intensidad moderada o baja, como el que se practica en la bicicleta fija y las caminatas, la vía aeróbica es la que aporta el combustible, por lo que se puede usar una mayor proporción de grasa para formar ATP.

Cabe aclarar que los ácidos grasos no pueden suministrar ATP durante el ejercicio de gran intensidad debido a que la grasa no puede degradarse con la suficiente rapidez para proporcionar las demandas de energía instantánea.

En general, tanto la glucosa como los ácidos grasos aportan combustible para el ejercicio en proporciones que dependerán de la intensidad y duración del mismo, así como de la condición física del atleta. Y es que también, como es lógico, el tiempo que dura la actividad física determinar a qué sustrato se utiliza durante el tiempo que se realiza dicha actividad. Así, por ejemplo, cuanto más tiempo se emplea para ejercitarse, tanto mayor será la contribución de grasa para combustible, es decir, se quema más grasa.

Las grasas pueden aportar hasta un 70 por ciento de las necesidades energéticas para las competencias de ultra resistencia —los llamados deportes extremos— con una duración de hasta 7 u 8 horas. Conforme aumenta la duración del ejercicio, la dependencia del metabolismo aeróbico es mayor y se puede producir una cantidad más alta de ATP a partir de los ácidos grasos. Sin embargo, cabe mencionar que la grasa no puede metabolizarse si no se dispone de cantidades suficientes de carbohidratos. Por lo tanto, al final de cuentas, el glucógeno muscular y la glucosa de la sangre son los factores limitantes en el rendimiento humano para cualquier actividad física extenuante o de larga duración.

El tiempo durante el cual un atleta puede oxidar ácidos grasos para obtener la energía necesaria se halla en estrecha relación con la condición física de la persona, así como con la duración e intensidad del ejercicio.

El entrenamiento, además de mejorar en gran medida el funcionamiento del sistema cardiovascular, interviene en forma directa en el aporte de oxígeno y activa mecanismos que hacen que aumente el número de mitocondrias (parte de las células donde se origina la energía) y de los niveles de enzimas que participan en la síntesis aeróbica de ATP, incrementando de esta manera la capacidad para que se lleve a cabo el metabolismo de los ácidos grasos.

Asimismo, la composición de la dieta del deportista determinará qué sustrato se usará durante una sesión de ejercicio. Por ejemplo, si un atleta está consumiendo una alimentación en la que predominan los carbohidratos, entonces su organismo utilizará más glucógeno como combustible para solventar la demanda energética. Si la dieta es rica en grasas, es obvio que se oxidaran más grasas como fuente de combustible. Sin embargo, esto no significa que la alimentación de los atletas deba ser abundante en grasas, por los riesgos que esto puede originar para la salud ya que incluso el deportista más delgado tiene este sustrato almacenado en su cuerpo en cantidades suficientes para producir el combustible necesario para cualquier ejercicio intenso o de resistencia.

Por otra parte, está demostrado que los atletas que han llevado dietas abundantes en grasas, experimentan una disminución en su rendimiento debido, principalmente, a las menores reservas de glucógeno ya que éstas se encuentran disminuidas precisamente porque la cantidad de carbohidratos consumida en la dieta es baja.

Las bajas reservas de glucógeno muscular inhiben la resistencia y la capacidad del deportista para realizar ejercicio prolongado o de gran intensidad.

Además de una buena alimentación en la que deben predominar los carbohidratos, el deportista debe consumir abundantes líquidos; entre otras razones, porque el ejercicio produce calor en mayor o menor intensidad, el cual debe eliminarse del cuerpo para mantener la temperatura dentro de los límites normales y el consumo de agua es esencial para lograrlo.

Se produce calor con el ejercicio, debido a que el cuerpo humano no es muy eficiente al convertir la energía proveniente de los alimentos en energía mecánica. Se sabe que durante la actividad física sólo alrededor de una cuarta parte de esta energía es convertida en energía mecánica, el otro 75 por ciento del recambio energético es convertido en calor.

Por otra parte, una gran cantidad del calor originado en el músculo ejercitado se transmite a la circulación sanguínea, lo que provoca que la temperatura corporal aumente. La cantidad de calor que se produce durante el ejercicio intenso, incluso en individuos con buena condición física, es suficiente para incrementar la temperatura corporal hasta en un grado centígrado cada 7 minutos, lo cual no ocurre, en condiciones normales ya que los mecanismos termorreguladores (la sudoración y el aumento en la frecuencia de la respiración) del organismo entran en acción de inmediato. Si esos mecanismos no existieran o fueran ineficaces para disipar el calor, el ejercicio de intensidad moderada elevaría la temperatura corporal a un nivel letal en un término de unos 30 minutos.

El aumento en la temperatura central origina un mayor flujo sanguíneo a la piel, desde donde el calor se transfiere al medio ambiente por convección, radiación y evaporación.

Las condiciones ambientales ejercen una gran influencia sobre los mecanismos termorreguladores puesto que cuando la temperatura del ambiente fluctúa entre tibia y caliente, el organismo debe disipar el calor generado por el ejercicio y además el absorbido del clima imperante. Durante este proceso, el organismo controla la temperatura básicamente a través de la evaporación del sudor. Para una buena sudoración se requiere necesariamente de una buena hidratación. Por lo tanto, el mantenimiento hídrico se vuelve esencial sobre todo cuando las temperaturas ambientales superan los 35 grados centígrados. Cuanto más elevada sea la temperatura, tanto más importante será la sudoración para disipar el exceso de calor corporal.

Además, la humedad también afecta la capacidad del cuerpo para disipar el calor en mayor medida que las temperaturas del aire, de tal manera que conforme la humedad aumenta, disminuye la tasa a la cual se evapora el sudor. Esto significa que una mayor cantidad de sudor se produce y se elimina sin transmitirse el calor desde el cuerpo al ambiente. Esto explica, en parte, por qué muchos atletas rinden menos en ambientes donde existe gran humedad; el agotamiento físico sobreviene más rápidamente.

La combinación de los efectos de un ambiente cálido y húmedo, con una gran carga de calor metabólico producido durante el ejercicio, ocasiona que los mecanismos termorreguladores funcionen a su máxima capacidad. Asegurarse de un adecuado consumo de líquidos es fundamental para disminuir el riesgo del estrés por el calor.

Por otra parte, cuando el ejercicio se prolonga por más de una hora, los niveles de glucosa sanguínea comienzan a disminuir en mayor o menor grado, dependiendo de la intensidad o del tipo de ejercicio que se esté realizando. Cuando los niveles de glucemia y el glucógeno muscular están bajos, aparece el agotamiento físico y el cuerpo comienza a dejar de responder. Si a pesar de estas condiciones el atleta continúa ejercitándose, se agotará el combustible y desfallecerá.

En condiciones normales, el hígado aporta glucosa para mantener la glucemia en niveles dentro de lo normal, pero conforme se agota el glucógeno de los músculos por el ejercicio, éstos empiezan a captar glucosa disponible en la sangre, lo que provoca que el hígado agote sus reservas de glucógeno. De esta forma, cuanto más prolongado es el periodo de ejercicio, tanto más los músculos utilizarán la glucosa de la circulación para obtener la energía.

Una buena alimentación, rica en carbohidratos complejos, mejora de manera considerable el rendimiento físico al mantener normales las cantidades de glucosa en la sangre, en los momentos en que están reducidas las reservas del glucógeno muscular. Asimismo, ello permitirá que se empleen carbohidratos como sustrato y se produzca energía en tasas sustancialmente altas.

Por lo tanto y, en función del régimen de entrenamiento, los atletas deben consumir, en condiciones ideales, del 60 al 70 por ciento de sus calorías totales a expensas de los carbohidratos, en su mayoría complejos (cereales integrales, leguminosas, frutas y verduras); del 20 al 30 por ciento deberá ser aportado por las grasas y del 10 al 15 por ciento, por las proteínas (pescado, mariscos, pollo, soya, carne de res magra, productos lácteos, etc.).

La mayor parte de las bebidas rehidratantes para deportistas, en sus presentaciones comerciales de 250 a 330 mililitros, proporcionan alrededor de unos 20 gramos de carbohidratos, hecho que constituye un gran beneficio para contrarrestar la fatiga que se presenta cuando se agota el glucógeno muscular y el hepático y, en consecuencia, el cuerpo utiliza la glucosa de la sangre como sustrato para obtener la energía.

El consumo de alimento debe hacerse siempre que sea posible entre 3 y 4 horas antes del entrenamiento o de la competencia ya que cumplen con dos propósitos esenciales: evita que el deportista sienta hambre antes o durante la competencia y, lo más importante, mantiene niveles óptimos de glucosa en sangre y de glucógeno en músculos e hígado.

Los atletas que se entrenan en ayunas, no corren ningún peligro si la práctica es de ligera a moderada y no muy prolongada. En cambio, si la actividad física es muy fuerte, corren el riesgo de caer en agotamiento tras acabarse las reservas de glucógeno en el músculo y en el hígado.

Gran cantidad de estudios han verificado que la ingestión de alimentos dentro de las primeras 4 horas antes de la competencia aporta un gran beneficio para un mejor rendimiento, lo cual no sucede si se compite con el estómago vacío.

Algunas fórmulas comerciales líquidas o malteadas que sustituyen una comida, son ideales porque son nutritivas, energéticas y se absorben con rapidez. Otros alimentos apropiados para comerse antes de cualquier competencia incluyen cereal integral con leche, pan tostado con mermelada y yogurt, espagueti con queso y salsa de tomate, una papa horneada con una ensalada de verduras y, cantidades abundantes de frutas y jugo de naranja.

Se sugiere que unos 15 minutos antes de cualquier competencia, el atleta ingiera unos 250 mililitros de agua natural, jugo u otra bebida rehidratante. Esta hidratación previa permite una absorción máxima del líquido y, por lo tanto, una menor tendencia a la deshidratación durante la competencia.

Los carbohidratos que se consumen durante una competencia exhaustiva que se prolonga durante más de una o dos horas como lo es el maratón, por ejemplo, aseguran la disponibilidad de cantidades adecuadas de energía en las etapas finales de la prueba. Esto se consigue con ingerir una bebida para deportistas, enriquecida con carbohidratos, pues ayudará a conservar estables los niveles de glucosa en la sangre y a rendir más, la cual no se logra cuando sólo se ingiere agua.

La tasa de ingestión de carbohidratos más conveniente será de unos 25 gramos cada media hora, aproximadamente. Esta medida garantizará que se aporte un gramo de carbohidratos por minuto a los tejidos, retardando así la aparición de la fatiga y contribuyendo a un mejor rendimiento, además de mantener constantes los niveles de glucosa sanguínea.

Cabe aclarar que el consumo de carbohidratos no evita la fatiga, sino que la retarda. En las partes finales de la competición, cuando las reservas del glucógeno muscular y hepático se agotan y los deportistas requieren de la glucosa de la sangre para obtener energía, pueden caer en agotamiento y posterior desfallecimiento si sólo han bebido agua natural, situación que no se presenta o, por lo menos, se retarda, si como se ha dicho, se ingieren hidratos de carbono.

Aproximadamente, sólo 5 por ciento del glucógeno muscular que se utilizó durante el ejercicio se sintetiza de nuevo cada hora después del evento. En consecuencia, se requerirán más o menos 20 horas de descanso para completar el restablecimiento del glucógeno muscular y que el cuerpo pueda estar en óptimas condiciones para realizar más deporte.

Después de la práctica, es importante ingerir una buena alimentación, rica en carbohidratos, ya que retrasar el consumo de éstos por mucho tiempo reducirá la nueva síntesis de glucógeno muscular.

Además, los atletas que practican deportes extenuantes o de larga duración necesitan consumos adicionales de proteínas debido a que las proteínas contráctiles de los músculos, se degradan durante el ejercicio prolongado y deben reponerse. Asimismo, se usan como sustrato para obtener energía cuando las calorías son insuficientes o cuando la demanda aumenta en forma considerable.

No obstante, se sugiere no ingerir suplementos de proteínas o de aminoácidos en forma de polvo o tabletas ya que en grandes cantidades pueden provocar pérdida de calcio a través de la orina, aumento de peso, deshidratación y una sobrecarga para los riñones y el hígado. Además, tomar aminoácidos simples o en combinación interfiere en la absorción de otros aminoácidos esenciales. Otro problema adicional es que con frecuencia se comete el error de sustituir algún alimento, como el desayuno, con suplementos de aminoácidos, lo que ocasiona deficiencias de otros nutrimentos con el riesgo que ello puede traer a la salud.

Los profesionales de la salud, así como los atletas, debemos tener en consideración que los suplementos de aminoácidos en grandes dosis no se han puesto a prueba en seres humanos, ni existen investigaciones serias que avalen su consumo u ofrezcan un margen de seguridad; por lo tanto, es mejor no utilizarlos.

En cuanto a las grasas, son la fuente más concentrada de energía alimentaria, recuérdese que por cada gramo aportan 9 calorías, mientras que los carbohidratos y las proteínas proporcionan cada uno, 4 calorías por gramo. De esta manera, la grasa constituye el principal combustible para el ejercicio de leve a moderado y el aeróbico; pero, a pesar de esta gran ventaja no deben consumirse alimentos ricos en grasa por el riesgo que ello representa. Los atletas deberán consumir entre 20 y 30 por ciento de sus calorías a expensas de este nutriente. Además de disminuir las calorías totales con una dieta así, también se favorece, en buena medida, la pérdida del exceso de peso.

Cabe mencionar dos situaciones comunes que se presentan en atletas de alto rendimiento o que practican deportes extenuantes: 1) la amenorrea de las deportistas, y 2) el estrés oxidativo en el músculo y la subsecuente producción de radicales libres.

Algunas mujeres que practican deportes de muy alta intensidad o de resistencia, dejan de menstruar, trastorno al que se le ha llamado "amenorrea atlética" o "amenorrea de la deportista". La causa exacta por la cual se da esta situación aún no ha sido esclarecida totalmente, pero parece ser que existe cierta disfunción hipotalámica o que los niveles muy elevados de cortisol que aparecen con el ejercicio intenso disminuyen la liberación de gonadotropinas, situación que provoca una disminución en los estrógenos.

Esta disminución en la cantidad de estrógenos ejerce un efecto negativo sobre el tejido óseo que causa desmineralización; por este motivo, se les sugiere a todas las mujeres atletas incrementar su consumo de calcio, vitamina D y magnesio. Los productos lácteos bajos en grasa, los jugos de frutas fortificados con calcio, las sardinas, la leche de soya y el Tofú, constituyen excelentes fuentes de calcio. También, se pueden tomar suplementos.

En lo que se refiere al segundo aspecto, como consecuencia del ejercicio, los procesos oxidativos se acentúan en el músculo, situación que viene a producir más peróxidos de lípido y radicales libres. Para contrarrestar esta situación, se justifica el empleo de suplementos de las vitaminas con actividad antioxidante, es decir, A, C y E, ya que ellas barren con los radicales libres previniendo el daño que éstos puedan causar y ayudan a que el cuerpo se recupere en forma más rápida luego del ejercicio intenso.

Muchos estudios en seres humanos han demostrado de modo contundente que cuando se añaden a la dieta cantidades del orden de 33,000 UI de vitamina A, 800 UI de vitamina E y 1,000 miligramos de vitamina C, por espacio de tres a cuatro semanas, disminuyen los niveles de deshidrogenasa láctica y de fosfocinasa de creatina (ambos indicadores de daño muscular). Esto origina que la recuperación después de la actividad física sea más rápida y que se refuerce el sistema inmunitario.

En muchas investigaciones se ha detectado que la vitamina E potencializa la respuesta inmunológica, evitando cambios similares a los de las enfermedades infecciosas observados después de un ejercicio extenuante.

Por su parte, la vitamina C, además de protegernos contra los radicales libres y de reforzar el sistema inmunológico, tiene propiedades que le permiten al atleta una mejor aclimatación al calor.

Pero la práctica del ejercicio intenso no sólo requiere de mayores aportes de las vitaminas A, C y E, sino que también de las del complejo B que actúan como parte de las coenzimas que intervienen en los ciclos mediante los cuales se produce la energía. Una buena alimentación donde se incluyan alimentos ricos en estas vitaminas, será suficiente para cubrir las necesidades de ellas. En pocas ocasiones se requieren los suplementos ya que no existen pruebas concluyentes, por lo menos hasta ahora, de que la suplementación con vitaminas del complejo B, en atletas bien nutridos, aumente su rendimiento físico.

En casos raros en que puede presentarse depleción de algunas vitaminas del complejo B, sí se justifica el empleo de complementos y éstos mejorarán la capacidad física del atleta. Otro caso en el cual también se recomienda el consumo de suplementos, sobre todo de vitamina B12 —la cual sólo se encuentra en alimentos de origen animal— es en los atletas vegetarianos.

Muchas de las enfermedades crónicas y otras, asociadas con la edad y el envejecimiento prematuro, son influidas de forma favorable por el ejercicio físico. Gran variedad de estudios efectuados en diferentes partes del mundo, han comprobado que los cambios circulatorios, cardiopulmonares, inmunológicos, endócrinos y musculoesqueléticos relacionados con el envejecimiento y la enfermedad, muestran una considerable disminución en su aparición y en su progresión en las personas que se ejercitan periódicamente.

Por ésos y otros motivos es recomendable que todos, hombres y mujeres, practiquemos algún tipo de ejercicio diariamente ya que éste, acompañado de una buena alimentación en la que vayan incluidas cantidades abundantes de frutas y verduras, constituyen los factores más importantes para prevenir muchas enfermedades y llegar a la vejez en buenas condiciones.

A causa de diversas circunstancias, entre las que figuran las enfermedades crónicas, una alimentación errónea, un estilo de vida sedentario y la vejez en sí, se presenta una mayor pérdida de masa muscular esquelética así como su debilitamiento en personas de la tercera edad. El ejercicio, al mejorar la capacidad funcional de los adultos ancianos, favorece una mejor calidad de vida y de la autoestima, situaciones que vienen a fortalecer su productividad.

No desaprovechemos la gran cantidad de beneficios que nos aporta la práctica del ejercicio, practiquémoslo todos los días y ¡véamonos y sintámonos bien!

11

Nutrición durante el embarazo y la lactancia

El embarazo es un estado muy especial tanto para el producto como para la gestante. Para que éste transcurra en óptimas condiciones se deben poner en práctica varias recomendaciones.

Un aspecto que requiere especial cuidado es el de la nutricón de la madre ya que ello afecta, para bien o para mal, el resultado de su embarazo. Así, por ejemplo, una mala alimentación puede ser el motivo de que el bebé nazca con bajo peso, bajas defensas u otros problemas lo que lo llevarían, en el último de los casos, a incrementar las estadísticas de la mortalidad neonatal.

En muchos países del mundo, el bajo peso del neonato —por debajo de los 2.5 kilogramos—, es la principal causa de muerte en lactantes o de problemas de salud que se adquieren a largo plazo como lo son los trastornos en el aprendizaje, en el desarrollo y las discapacidades.

Por fortuna, todo esto se puede prevenir con la adopción de una dieta saludable y la eliminación de malos hábitos. Un bajo peso materno (que muy probablemente ocasionará un producto de bajo peso al nacer) puede ser modificado, si se corrige a tiempo.

El embarazo constituye una etapa de crecimiento y, por lo tanto, requiere de un incremento en aporte de nutrientes y de energía que apoyen las demandas metabólicas que se presentan durante la gestación.

El buen desarrollo del producto ocurre sólo si la gestante puede acumular una cantidad (que es decisiva) de reservas nutricionales adicionales durante todo el embarazo.

Es preocupante que en la actualidad nos encontremos con una gran cantidad de casos de mujeres embarazadas con desnutrición y bajo peso, no tanto como resultado de una situación económica de pobreza, sino por la mala costumbre de restringir alimentos para evitar aumentar de peso y continuar siendo esbeltas después del parto. Esta pésima práctica provoca graves consecuencias en el recién nacido.

El peso adecuado del producto y la esbeltez de la madre después del parto pueden lograrse acudiendo al médico quien le recomendará dietas y ejercicios físicos que no pongan en riesgo a su bebé y le ayuden a conseguir su objetivo estético.

Cabe mencionar que el ejercicio físico regular y apropiado durante todo el embarazo trae beneficios al feto y a la madre. Se reduce el depósito de grasa en el tejido subcutáneo, se disminuye el riesgo de complicaciones obstétricas, entre otras causas, por una mejor condición física de la madre y menor estrés; se previene la diabetes gestacional, el sobrepeso del bebé y se facilita el trabajo del parto.

Los tipos de ejercicio que aportan los mejores beneficios cardiovasculares y psicológicos y con menores riesgos para el embarazo son caminar, el trote lento, la bicicleta fija y, con algunas reservas, la natación.

Por otra parte, los aportes de la mayoría de los nutrientes deben incrementarse en mayor o menor grado; así, por ejemplo, en el caso de las proteínas se requiere de una cantidad adicional para beneficiar la síntesis de tejidos fetales y maternos. Los requerimientos aumentan conforme el embarazo progresa, de tal forma que las necesidades se hacen mayores durante el segundo y tercer trimestres.

Dicho requerimiento es de 60 gramos de proteína por día, es decir, de 10 a 15 gramos más que para las mujeres no embarazadas. La deficiencia en el aporte proteínico, trae consecuencias desfavorables para el producto. Una dieta balanceada cubre perfectamente esa demanda.

Además, durante el embarazo, las vitaminas y los minerales desempeñan un papel fundamental. Se requieren mayores cantidades de algunos de estos nutrientes. En algunos casos, esto se logra aumentando el consumo de alimentos ricos en vitaminas y/o minerales, y, en otros se hará necesaria la ingestión de multivitamínicos.

De las vitaminas, una de las más importantes durante el embarazo es el ácido fólico. Las necesidades aumentan como una respuesta a la eritropoyesis materna y al crecimiento de la placenta y, sobre todo, del producto de la concepción. El requerimiento diario para este nutriente es de 600 microgramos, 200 microgramos más que para las mujeres no embarazadas. Un buen plato de lentejas resuelve esta necesidad, pero existen otros alimentos que lo contienen en buenas cantidades: brócoli, espinacas, acelgas, los frutos secos, el hígado y la carne de res magra, las papas y el pan de trigo integral.

La deficiencia de ácido fólico produce alteraciones en la síntesis del DNA y del RNA, lo que puede provocar una reducción en la división celular. Esta alteración es más notoria en células con tasas de multiplicación rápida, como lo son los glóbulos rojos y blancos, y las células epiteliales de la boca, del estómago, intestino, vagina y cuello uterino. Clínicamente, esto se manifiesta como anemia megaloblástica, la aparición de lesiones dermatológicas y un crecimiento deficiente.

Asimismo, la falta de ácido fólico se ha vinculado, en algunos estudios, con aborto espontáneo, malformaciones congénitas, trabajo de parto prematuro y bajo peso en el producto.

Pero, sin duda, la principal función que tiene el ácido fólico durante el embarazo es la de la prevención de los defectos del tubo neural como son la espina bífida y la anencefalia, dos de los defectos más comunes al momento del nacimiento. Está demostrado plenamente que mujeres que cubren sus requerimientos de ácido fólico desde antes de concebir y durante todo el embarazo reducen en un alto porcentaje el riesgo de que el bebé nazca con defectos del tubo neural y, en los primeros meses, el aborto espontáneo. De aquí la recomendación de que todas las mujeres durante toda su vida reproductiva aumenten el consumo de ácido fólico debido a que el tubo neural se cierra muy pronto (a los 28 días de la gestación) y, en la mayoría de los casos, antes de que las mujeres se percaten de que están embarazadas.

La disminución de ese tipo de defectos se está logrando gracias a que en la actualidad muchos alimentos se están fortificando con ácido fólico y otros nutrientes como el calcio y el hierro.

Lo ideal sería que todas las mujeres que planean embarazarse empezaran a tomar suplementos de ácido fólico antes de concebir.

Las mujeres embarazadas que fuman o que consumen alcohol deberán eliminar estos malos hábitos que perjudican tanto al feto como a la madre y además causan bajos niveles de ácido fólico.

De igual modo, otra vitamina del complejo B, la B_6, se requiere en mayor cantidad durante el embarazo debido a las necesidades que conlleva la síntesis de aminoácidos no esenciales, así como la síntesis de la niacina. Los requerimientos para esta vitamina durante la gestación son fácilmente cubiertos debido a su amplia distribución en alimentos como hígado de res, carne magra, pollo, papas, aguacate, plátanos, germen de trigo, arroz integral y nueces.

Además, la vitamina B_6 se ha utilizado con cierto éxito para frenar las náuseas y el vómito en el embarazo.

En cuanto a la vitamina A, las necesidades son las mismas que para las mujeres no embarazadas puesto que las reservas de la madre satisfacen las necesidades fetales. No obstante, se debe evitar su consumo excesivo a través de los suplementos tan de moda en la actualidad, ya que está comprobado que su consumo es teratógeno cuando se ingiere más de 2.5 veces el requerimiento diario recomendado, es decir, más de 10,000 UI por día, cantidad fácilmente disponible en un suplemento vitamínico general. De ahí la recomendación de que las mujeres embarazadas no deben automedicarse; cualquier medicamento que ingieran deberá ser sólo por prescripción médica; es más, una gestante que lleva una dieta sana, abundante en frutas, verduras y cereales, rara vez tiene que tomar multivitamínicos.

La vitamina A es especialmente peligrosa en cantidades excesivas desde dos semanas antes de la concepción y durante los dos primeros meses de embarazo. Las malformaciones que puede provocar se asocian con cambios craneoencefálicos, afecciones del sistema nervioso central, cardiacas y del timo.

En lo que respecta a la vitamina C su requerimiento aumenta 10 miligramos por día más que en la mujer no embarazada. Los 70 miligramos diarios que se necesitan se satisfacen con facilidad con una dieta sana. La deficiencia de esta vitamina durante el embarazo no se ha relacionado como causante de grandes problemas; sin embargo algunos estudios recientes afirman que las bajas concentraciones plasmáticas de vitamina C tienen que ver con la aparición de la preeclampsia, así como de la rotura prematura de membranas.

De la vitamina D se puede afirmar que los requerimientos diarios son los mismos que para las mujeres no grávidas. Esta vitamina y sus metabolitos atraviesan con facilidad la barrera placentaria y aparecen en la sangre fetal en la misma concentración que se encuentra en la circulación de la madre, situación de gran beneficio para el bebé por sus efectos positivos sobre el equilibrio del calcio. El déficit de esta vitamina en la madre y, por lo tanto, la disminución subsiguiente en el transporte placentario al feto, es causa de hipocalcemia neonatal lo que conlleva a afecciones en los huesos y en el esmalte de los dientes.

Por su parte, los requerimientos de las vitaminas E y K aumentan discretamente en las mujeres embarazadas. Las necesidades diarias para ambas vitaminas se pueden cubrir con la dieta normal, por lo que es rara su deficiencia.

Los niveles bajos de vitamina E se han relacionado, en algunos estudios no concluyentes, con aborto espontáneo.

En cuanto a los minerales, las mujeres embarazadas muestran ajustes muy importantes en el metabolismo del calcio debido principalmente a la influencia de factores de tipo hormonal. Así, por ejemplo, la somatomatropina coriónica humana, producida por la placenta, aumenta en forma progresiva la tasa de recambio óseo. El estrógeno, que también en gran parte se sintetiza en la placenta, inhibe la resorción ósea, lo que viene a desencadenar una liberación de otra hormona que interviene en el metabolismo del calcio, la paratioidea, misma que mantiene los niveles plasmáticos de este mineral y a la vez favorece su absorción intestinal para mantener dichos niveles.

La esencia de todos estos cambios hormonales es contribuir a la retención progresiva de calcio para satisfacer las demandas de mineralización del esqueleto fetal, que aumentan conforme el embarazo avanza.

Se calcula que se acumulan, aproximadamente, 30 gramos de calcio durante la gestación, la mayor parte del mismo lo hace en el esqueleto fetal y una pequeña parte se deposita en los huesos de la madre, como reserva para las demandas de la lactancia.

Los requerimientos diarios de calcio en las embarazadas son de 1,300 a 1,500 miligramos, que no representa una gran diferencia respecto a las necesidades para las mujeres que no se encuentran en estado grávido, debido, sobre todo, al efecto de las hormonas maternas sobre el incremento en la absorción y posterior utilización del calcio.

Una buena alimentación en la cual se incluyan la leche y el yogurt diariamente, satisface muy bien estas necesidades.

En cambio, los requerimientos del fósforo, el otro mineral de gran importancia para el desarrollo de los huesos, no varían con respecto a las mujeres no embarazadas. Además, el fósforo se halla presente en una gran variedad de alimentos, por lo que su deficiencia resulta muy poco probable.

No sucede lo mismo con el hierro ya que, entre otras razones, el gran aumento en el suministro de sangre materna durante la gestación incrementa de forma considerable la demanda de este mineral, tanto que en muchas ocasiones debe ingerirse como suplemento para cubrir las necesidades, puesto que es muy raro que las mujeres que se embarazan tengan reservas de hierro suficientes como para satisfacer toda la demanda, sin afectar el bienestar fetal y el de la propia madre. Así, la suplementación oral en forma de sales ferrosas contribuye a prevenir la aparición de la anemia y de otras afecciones.

Obviamente, una mujer anémica tiene mucha menos capacidad de tolerar la hemorragia que se presenta, en mayor o menor grado, durante el parto; además, corre un mayor riesgo de desarrollar infecciones puerperales.

Entonces, es recomendable que las mujeres embarazadas, aun consumiendo una dieta balanceada, tomen unos 30 miligramos de hierro ferroso diariamente, sobre todo durante los dos últimos trimestres del embarazo. Para su mejor absorción, se sugiere ingerirlo entre la comida, con agua o jugo de naranja y no con leche, té o café. Y es que con la biodisponibilidad de este mineral, ya sea mediante la dieta o por suplementos, el volumen de los glóbulos rojos aumenta entre 20 y 30 por ciento. Por otra parte, la médula ósea, en este caso muy activa, emplea unos 500 miligramos adicionales durante la gestación; además, el feto de término y la placenta, acumulan entre 250 y 300 miligramos de hierro elemental.

El caso de zinc es diferente, para este mineral los requerimientos durante la etapa gestacional se incrementan muy poco, sólo 3 miligramos por encima de las necesidades normales de 15 miligramos por día en mujeres no gestantes.

Varias investigaciones han demostrado que la deficiencia de zinc puede ser teratógena, dando como resultado el desarrollo de diversas malformaciones congénitas, principalmente en el cerebro.

La suplementación con este mineral en mujeres con bajo peso durante el embarazo favorece un aumento de peso del producto de la concepción.

Por fortuna con una dieta normal, casi siempre se cubren los requerimientos, por lo que en la actualidad es rara su deficiencia. Y lo mismo puede decirse del cobre.

En cuanto al magnesio, las necesidades aumentan discretamente, de 50 a 100 miligramos por encima de las cantidades normales de 400 miligramos en las no embarazadas. En este caso, también una dieta sana proporciona la cantidad requerida y sólo en algunas excepciones se deben ingerir los suplementos, mismos que se han asociado con una menor incidencia de preeclampsia.

La presencia, muy común, de calambres en las piernas durante el embarazo, que se manifiestan sobre todo en las noches por contracciones súbitas y dolorosas de los músculos, está relacionada con una disminución en las concentraciones plasmáticas del calcio, relacionadas con un desequilibrio de este mineral y el fósforo. Es posible prevenir o aliviar dichos calambres con la reducción del consumo de leche (alimento rico en calcio y fósforo) y con la ingesta de suplementos de calcio no fosfatados, es decir, sin fósforo.

Pero también el magnesio puede aliviar los molestos calambres. Dado que durante el embarazo y la lactancia se elevan los requerimientos de este mineral, su déficit se manifiesta por temblores musculares, ataxia, tetania y calambres; por lo tanto, una suplementación de magnesio —el gran relajador de la naturaleza— elimina todos estos males.

De hecho, se ha comprobado que si a las mujeres que padecen de calambres frecuentes durante el embarazo se les practica un análisis para cuantificar su magnesio en suero, éste se encuentra disminuido en la gran mayoría de los casos y con la ingesta de suplementos de magnesio el problema desaparece.

En lo que respecta al fluoruro, las necesidades de éste aumentan un poco con el embarazo dado que se requiere para la dentición primaria, la cual inicia desde la doceava semana de gestación, es decir, al terminar el primer trimestre. Se requieren 3 miligramos por día de este mineral. Una dieta rica en espinacas, lechuga, cebolla, soya, arroz y agua, cubre muy bien los requerimientos de fluoruro.

Para el caso del yodo, las necesidades para las mujeres no embarazadas son del orden de 175 microgramos por día. Para las mujeres que sí lo están, las necesidades aumentan 25 microgramos, de tal forma que se requerirán 200 microgramos diariamente para satisfacer las necesidades de la madre y del feto.

El déficit de yodo materno puede ocasionar cretinismo en el recién nacido (una deficiencia mental grave), así como provocar falta de peso en el feto aun cuando no se presente cretinismo.

Los alimentos que contienen yodo en buena cantidad son la sal de cocina yodada, el agua y los vegetales de hoja verde.

Así pues, una dieta saludable, balanceada, que cubra las necesidades en las mujeres embarazadas de proteínas, carbohidratos, vitaminas y minerales, deberá incluir frutas, verduras, cereales integrales, lentejas, germen de trigo, soya, leche, yogurt, huevos, pescado, pollo, carne de res magra, queso y frijoles. Asimismo, se recomienda ampliamente beber 6 vasos de agua todos los días y realizar algún tipo de ejercicio moderado, como caminar, por lo menos durante 30 minutos cada tercer día. También es aconsejable eliminar malos hábitos como comer en exceso golosinas o alimentos chatarra, la ingestión de alcohol, fumar, el exceso de café o té y el sedentarismo.

Está ampliamente demostrado que el consumo de alcohol durante el embarazo puede ser motivo de malformaciones congénitas, de retardo en el crecimiento prenatal y posnatal y en el desarrollo físico y mental, de microcefalia y de anormalidades en las articulaciones. Múltiples estudios han reportado que las mujeres gestantes que consumen alcohol pueden tener bebés con síndrome de Down, desprendimiento prematuro de placenta o aborto espontáneo durante el primer trimestre del embarazo.

Por lo que se refiere a lactancia, segundo tema de este capítulo, desde hace muchos años se estableció que la alimentación al seno materno es, con mucho, la mejor forma de alimentar al lactante durante los primeros 6 meses de vida.

Las ventajas del amamantamiento son varias y muy importantes: la leche materna es menos alergénica que cualquier alimento para el bebé, es bacteriológicamente segura y se halla a la temperatura ideal para el lactante, contiene diversos factores antiinfecciosos e inmunitarios que le confieren protección al niño contra infecciones, sobre todo gastrointestinales; los lactantes amamantados tiene menos riesgo de sobrealimentarse; además, esta práctica favorece el óptimo desarrollo de la mandíbula y de los dientes y logra un acercamiento amoroso entre la madre y el niño, lo que psicológicamente es muy positivo para ambos.

Una vez nacido el bebé, el mejor estímulo para que se produzca la leche es la succión del pezón por parte del lactante. Desde luego, intervienen factores hormonales y estímulos nerviosos.

Por lo general, el volumen que se produce de leche depende de la frecuencia con la que se alimente al niño. Así, cuantas más veces se alimente al bebé en el transcurso del día, más leche se producirá.

Al igual que en el embarazo, la lactación requiere de incrementos en los requerimientos de varios de los nutrientes. Tal es el caso de las proteínas, las vitaminas A, E, C, B1, B_2, B_6, ácido fólico, B_{12}, ácido pantoténico y colina, zinc, yodo y selenio. A excepción del ácido fólico, todos los demás nutrientes mencionados aumentan sus requerimientos un poco más que en la gestación.

Cuando una mujer que está lactando se alimenta en forma deficiente o errónea, la principal consecuencia es que la producción del volumen de leche se vuelve cada día menor. Esta situación se presenta con cierta frecuencia en mamás que se someten a dietas rigurosas después del parto para "cuidar su figura".

Por otro lado, las investigaciones demuestran que si la mujer que está amamantando se alimenta con una dieta equilibrada y practica algún tipo de ejercicio, puede perder más de 500 gramos por semana y, lo que es más importante, suministrar suficiente leche para cubrir de manera adecuada las necesidades de su bebé. Se recomienda que las madres que están en el periodo de lactancia no restrinjan su consumo de energía a menos de 1,800 calorías por día.

La producción de una baja cantidad de leche, a pesar de que la madre se alimente bien, puede deberse a un consumo muy bajo de líquidos, de aquí la necesidad de consumir todos los días por lo menos 2 litros de agua.

Otro factor que puede suprimir la leche es la ingesta de anticonceptivos orales utilizados para prevenir un nuevo embarazo, por lo que se deben evitar y, por el momento optar por otro método anticonceptivo.

El requerimiento proteínico se incrementa en unos 15 gramos diarios durante los primeros 6 meses de lactación. Esta estimación se realiza con base en los componentes de la leche y el volumen, aproximado, de 750 mililitros que se produce al día.

En lo que respecta a las vitaminas y minerales, algunas concentraciones de estos nutrientes en la leche materna están directamente relacionadas con el consumo de la madre. Así, el suplemento de selenio en las madres da como consecuencia un aumento de este mineral en la leche. El contenido de vitamina D guarda mucha relación con el aporte de vitamina D materno y el grado de exposición a los rayos solares.

Es muy recomendable que durante toda la etapa reproductiva se les informe a las mujeres acerca de todos los beneficios de la alimentación al seno materno.

De la misma manera, se motivará a las mujeres en lactación para que reanuden el ejercicio físico 3 o 4 semanas después del parto ya que esto es benéfico en muchos aspectos para la madre. No obstante, no se sugiere el ejercicio vigoroso o extenuante ya que produce ácido láctico, el cual puede pasar a la leche dándole un sabor amargo que no le gusta a los bebés.

Es aconsejable que las mujeres que deseen hacer ejercicio aeróbico alimenten a sus bebés antes de iniciarlo y no una o dos horas después de haber terminado con su ejercicio.

Para que el beneficio del ejercicio sea mayor para la madre, deberá incluir diariamente en su dieta balanceada, abundantes cantidades de frutas y verduras y beber de 2 a 3 litros de agua purificada.

12

Nutrición en
el paciente diabético

La diabetes mellitus es una enfermedad crónica degenerativa que se caracteriza por hiperglucemia, misma que se debe a defectos en la secreción o en la acción de la insulina. Como consecuencia de esta afección, aparecen anormalidades en el metabolismo de los carbohidratos, grasas y proteínas.

La frecuencia, es decir, la prevalencia de la diabetes aumenta conforme la edad se incrementa; aproximadamente 50 por ciento de los casos se presentan en personas mayores de 55 años y, a mayor edad, más riesgo de contraer el padecimiento.

Existen dos tipos de diabetes (aunque algunos autores incluyen un tercer tipo, la diabetes gestacional): la tipo 1 y la tipo 2.

La diabetes tipo 1, anteriormente llamada insulinodependiente, se caracteriza por la destrucción de las células beta (que son las que producen la insulina en el páncreas). Su frecuencia es menor que la del tipo 2, y constituye sólo entre 5 y 10 por ciento del total de los casos diagnosticados.

Las personas que padecen diabetes tipo I requieren forzosamente de la insulina exógena para evitar complicaciones, incluso la muerte. Aunque puede presentarse a cualquier edad, casi siempre es más común en personas menores de 30 años de edad, sobre todo, entre los 10 y 14 años.

Este tipo de diabetes, el más agresivo, es provocado por un factor autoinmunitario que destruye las células beta. Sólo un pequeño porcentaje de casos se debe a causas desconocidas.

Por otra parte la diabetes tipo 2 es, con mucho, la más frecuente, representa entre 90 y 95 por ciento de todos los casos diagnosticados de diabetes. Existen algunos factores que predisponen a las personas a adquirirla; entre éstos se hallan: edad avanzada, sobrepeso, sedentarismo, herencia, estrés crónico, malos hábitos alimenticios y alteraciones en el metabolismo de la glucosa.

Uno de los factores que más predisponen a contraer la enfermedad es el sobrepeso. Un gran porcentaje de diabéticos son obesos al momento de diagnosticarles la enfermedad.

Una característica de la diabetes tipo 2 es que las personas que la padecen presentan una resistencia a la acción de la insulina más que una deficiencia relativa o absoluta de la misma. Se ha comprobado que en este tipo de pacientes los niveles de insulina que produce el páncreas pueden ser normales, subnormales o, estar elevados, pero son inadecuados para superar la resistencia, por parte de los tejidos, a la acción de la insulina.

En casi todos los casos, los diabéticos tipo 2 no requieren aplicarse insulina para sobrevivir, se controlan con una dieta apropiada, con capacitación para su autocontrol y con medicamentos que ayudan a disminuir la glucosa (hipoglucemiantes orales).

Esta forma de diabetes, la mayoría de las veces, no se diagnostica hasta después de mucho tiempo debido a la ausencia de síntomas claros y a que la hiperglucemia, por lo general, se instala de forma gradual.

Los signos y síntomas más frecuentes de la diabetes son: sed excesiva, aumento en el número de las micciones, mucho apetito (aunque algunas personas refieren lo contrario, es decir, anorexia), pérdida de peso y, en ocasiones, náuseas y vómito.

En la actualidad, esta enfermedad se diagnostica cada vez con mayor frecuencia. Tiene mucho que ver en su alta incidencia los pésimos hábitos alimenticios. Si a esto le aunamos el acelerado ritmo de vida estresante que se vive en las grandes ciudades, el sedentarismo, el tabaco y el alcohol, el resultado es la enorme cantidad de personas que padecen esta enfermedad.

La diabetes o sus complicaciones son la primera causa de muerte en México. Es un gran problema de salud pública y las cifras siguen aumentando, de manera alarmante, cada año.

Dentro de su esquema de tratamiento, esta enfermedad exige cambios importantes en la alimentación y en la forma de vida. Es muy recomendable el ejercicio, la vigilancia de la glucemia, la ingesta de los medicamentos prescritos por el médico y la educación o capacitación que se le da al paciente para su autocontrol. Precisamente una de las metas principales es proporcionar al enfermo las herramientas necesarias para conseguir el mejor control posible de la glucemia, con lo que aumenta su calidad de vida y se previenen las complicaciones.

En cuanto a su alimentación, no existe una misma receta para todos los diabéticos, la dieta debe individualizarse y planearse con base en los requerimientos de cada persona; pero, en general, debe incluir, sobre todo, abundantes verduras como el brócoli, chayote, calabacita, coliflor, nopal, papa, acelgas y espinacas; frutas, carne de pollo desgrasada y cocida sin la piel, carne de res magra, cereales, leguminosas, pescado, leche descremada o semidescremada, pan integral y huevos no crudos.

Esta demostrado que una dieta hipocalórica, rica en verduras, ejerce un efecto regulador sobre la glucosa, esencial y benéfico para el diabético.

Uno de los objetivos prioritarios, es que el paciente sea motivado a realizar estas modificaciones que le ayudarán a mantener estable su glucosa y su peso, con la ayuda de medicamentos, apoyo psicológico y el ejercicio.

La incidencia de las enfermedades macrovasculares aumenta casi al cuádruple en los diabéticos; por lo mismo, es indispensable vigilar y restringir el consumo de grasa y colesterol en los alimentos.

Se ha demostrado plenamente que conservar el peso dentro de lo normal reduce en forma considerable el riesgo de padecer hipertensión, coronariopatia, dislipidemia y resistencia a la insulina.

La baja de peso favorece a la captación de glucosa por los tejidos, aumenta la sensibilidad a la insulina y contribuye a normalizar la producción de glucosa por el hígado.

Asimismo, la eliminación de los malos hábitos, la práctica del ejercicio con regularidad y una buena alimentación ayudan al diabético a llevar un mejor control de su enfermedad, una mejor calidad de vida y a prevenir muchas complicaciones propias de este padecimiento como la hiperglucemia, la retinopatía, la neuropatía, la nefropatía, la hipertensión arterial y la dislipidemia.

A manera de prevención, a todos los familiares más cercanos del diabético se les motivará a que sigan las mismas recomendaciones y cuidados del enfermo.

Por lo que se refiere a las proteínas, no hay pruebas de que los requerimientos aumenten o disminuyan para diabéticos no complicados, por lo que las necesidades son las mismas que para las personas sanas. Sólo en el caso de que el paciente se encuentre en riesgo de adquirir nefropatía, se restringirá el consumo de este nutriente. Y es que las dietas con contenido bajo de proteína modifican la lesión glomerular y, junto con el control de la hipertensión y de la hiperglucemia, retardan la aparición de la insuficiencia renal.

Se debe tener especial cuidado al diseñar una dieta baja en proteína de cualquier tipo, pues es la que determina la progresión a la neuropatía.

Como los enfermos diabéticos corren mucho más riesgo de padecer enfermedad cardiovascular, otro aspecto que se debe vigilar en la dieta es el del contenido de grasa y colesterol. Se sugiere hacerse revisiones frecuentes de colesterol de alta y baja densidad y de triglicéridos, para que, de acuerdo con los resultados se hagan ajustes en el consumo de grasa en la alimentación y se evite, además, el sobrepeso.

Está comprobado que una dieta moderada en grasas mejora los niveles de lípidos en el suero, de igual o mejor manera que las dietas restringidas, siempre y cuando la grasa adicional predominante esté constituida por ácidos grasos monoinstaurados. Las principales fuentes de estos ácidos grasos son el aceite de oliva, cacahuate, aguacate y canola.

Uno de los motivos por los cuales se les recomienda a los diabéticos no ingerir alcohol, es que éste posee una gran cantidad de calorías y se metaboliza de una forma muy similar a las grasas; además, puede producir hipoglucemia cuando se consume sin alimentos.

En cuanto al tratamiento de la diabetes con medicamentos, como ya se mencionó, los enfermos con diabetes tipo 1 dependen de la insulina para subsistir; los que padecen la tipo 2, por regular se controlan con hipoglucemiantes orales, aunque, en ocasiones, algunos también requieren de la insulina, como cuando no cede la hiperglucemia, cuando se presenta una infección aguda, un traumatismo intenso, en caso de cirugía y, a veces, durante el embarazo.

Algunos pacientes consiguen controlar su glucosa sólo con dieta; otros necesitan, además, hipoglucemiantes o insulina.

Existen varios tipos de hipoglucemiantes. Las personas con cantidades moderadamente altas de glucosa, que no se controlan con la sola nutrioterapia, pueden tomar metformina, sulfonilureas (que funcionan estimulando las células beta en el páncreas para así liberar más insulina), meglitinida, biguanidas (suprimen la producción de glucosa en el hígado y disminuyen la resistencia a la insulina), troglitazona (actúa atenuando la resistencia a la insulina), o inhibidores de la alfa-glucosidasa (en el intestino inhiben las enzimas que digieren carbohidratos, con lo que se reduce la glucemia).

Recientemente se están comercializando y usando con algún éxito antioxidantes como el probucol, las vitaminas C y E, y el selenio. Obviamente, las personas con deficiencias de micronutrimentos son las que responden de manera más favorable a esta terapia.

Los individuos que corren más riesgo de caer en deficiencia y que pueden beneficiarse mucho con los antioxidantes, son quienes consumen dietas muy restringidas, vegetarianos, ancianos, quienes practican ejercicio intenso y mujeres embarazadas o en periodo de lactancia.

Debido a los múltiples beneficios que proporciona, necesariamente el ejercicio debe ser parte integral del tratamiento de la persona con diabetes. Ayuda a todos los enfermos a mejorar su sensibilidad a la insulina al favorecer descensos en triglicéridos y colesterol LDL, protege al aparato cardiovascular previniendo con ello la coronariopatía; ayuda a controlar la presión arterial, el peso, fortalece los músculos y los pulmones y contribuye a lograr una actitud mental más sana.

Cuando se le proporciona una correcta información al paciente acerca de cómo debe cuidarse y que ejercicio le es más conveniente, puede ejercitarse con seguridad. Se tomarán en cuenta factores como el acondicionamiento previo, la resistencia, el tipo de ejercicio que más le beneficie, la intensidad de éste y la alimentación adecuada.

En las personas con diabetes, influyen dos factores para que el ejercicio colabore con el control de la glucosa: la menor resistencia a la insulina por parte de los tejidos y el aumento en la sensibilidad a la misma, lo que, en consecuencia, ocasiona un mayor y mejor uso de la glucosa y, lo que es más importante, no sólo durante la actividad física sino que también después de la misma.

Como la sensibilidad a la insulina se pierde aproximadamente, a las 48 horas después de haberse ejercitado, se recomienda practicar ejercicio diariamente o cada tercer día.

Otro beneficio del ejercicio es que contrarresta los efectos de las hormonas contrarreguladoras de la glucemia (glucagon, adrenalina y hormona del crecimiento); esto, a su vez, disminuye la absorción de glucosa por el hígado, lo que favorece un mejor control de ésta.

El horario elegido para la práctica del ejercicio puede brindar ciertas ventajas al diabético. Por ejemplo, la actividad física que se efectúa por la tarde o noche, disminuye el gasto de glucosa por el hígado durante la noche y la glucemia en ayuno. El ejercitarse una o dos horas después de comer también es benéfico ya que disminuye la hiperglucemia posprandial, hecho muy común en personas con diabetes.

Por otra parte, se debe tener cuidado con la hipoglucemia pues ésta se puede presentar en enfermos que toman medicamentos hipoglucemiantes o que se aplican insulina, en especial cuando el ejercicio se vuelve muy intenso o se prolonga por mucho tiempo.

La baja de glucosa es un efecto muy común en pacientes que se aplican insulina. Los síntomas son: temblor, sudoración, mareos, palpitaciones, hambre, dolor de cabeza, náuseas, vómito y confusión mental. Si el problema no se corrige o se agudiza, sobrevienen convulsiones y coma.

Antes de comenzar un programa de ejercicios, el enfermo deberá consultar a su médico para que éste le recomiende la actividad física que más le convenga y los cuidados que debe tener en su alimentación. Se evaluará, además, el estado físico, el aparato cardiovascular y se le orientará respecto al autocontrol.

La auto-vigilancia de la glucosa, tanto antes como después del ejercicio es indispensable para que el paciente comprenda el modo en que la actividad física afecta el control de la enfermedad. Así, la observancia de la glucemia nos proporciona una retroalimentación que puede utilizarse como guía para hacer los ajustes en la medicación y en la alimentación, y en el propio ejercicio. La actividad moderada (como caminar) durante unos 45 a 60 minutos, rara vez requiere de incrementar la ingesta de carbohidratos o de hacer modificaciones en las dosis de los medicamentos.

Al transcurrir los años, si el tratamiento no fue el correcto o si el paciente no se cuida, sobrevienen complicaciones como la hiperglucemia con cetoacidosis, coronariopatía, enfermedad vasculocerebral, neuropatía, retinopatía, ceguera, hipertensión arterial e insuficiencia renal.

La coronariopatía, la enfermedad cerebrovascular, la insuficiencia renal, la neuropatía y la retinopatía son las complicaciones que se presentan con mayor frecuencia en edades tempranas y son más graves que en los no diabéticos.

Asimismo, las anormalidades en los triglicéridos y el colesterol malo constituyen uno de los factores que más predisponen a la vasculopatía. Y es que el aumento en los triglicéridos, en el colesterol de baja densidad y la disminución en el colesterol de alta densidad, son más comunes en los diabéticos tipo 2. Esta dislipidemia puede contrarrestarse con un mejor control de la glucemia, la dieta, el ejercicio y los medicamentos.

En el enfermo diabético, la hipertensión arterial y la insuficiencia renal van de la mano. Ello implica poner mucha atención, mediante revisiones, frecuentes y en caso de que se diagnostiquen niveles altos, controlarla lo antes posible, ya que una presión alta, es el primer indicio, junto con la aparición de albúmina en la orina, de una nefropatía incipiente. En este caso, además de una restricción en el consumo de sal a máximo 2,000 miligramos por día, otras medidas que ayudan son eliminar el tabaquismo, el alcohol, practicar más ejercicio y adoptar una dieta baja en proteínas.

Se calcula que más de 80 por ciento del total de los enfermos diabéticos tienen alguna forma de retinopatía 20 años después de habérseles hecho el diagnóstico de diabetes. Incluso, algunos que no se cuidan la presentan en etapas más tempranas. Esta complicación está íntimamente relacionada con los niveles elevados de glucemia y es una causa muy importante de ceguera. Por fortuna, la fotocoagulación con rayos láser reduce, de modo considerable, la pérdida de la visión en la retinopatía proliferativa, que es donde tiene su mejor aplicación.

Por si fuera poco, los niveles altos y crónicos de la glucemia también se acompañan de daño nervioso, lo que da lugar a la neuropatía, misma que puede ser de dos tipos: la periférica, que afecta a los nervios que controlan la sensibilidad de las piernas y brazos y, la autonómica que perjudica la función nerviosa que controla diversos órganos y sistemas. Así, por ejemplo, el daño a los nervios que inervan el tubo digestivo puede ocasionar inflamación del esófago, náuseas, dolor abdominal, distensión, diarrea o estreñimiento y meteorismo.

Por ésas y otras razones, un paciente diabético que por algún motivo se somete a una intervención quirúrgica plantea algunos problemas que deben resolver, A menudo, después de la cirugía, los niveles de glucosa son difíciles de controlar, debido, la mayoría de las ocasiones, a la influencia de las hormonas contrarreguladoras o al estrés metabólico.

A su vez, esta hiperglucemia contribuye a que se presente cetoacidosis, infección y retardo en la cicatrización de las heridas, por lo que es fundamental la vigilancia y el control de la glucemia para evitar éstas y otras complicaciones.

Se pueden tomar muchas medidas para prevenir esta enfermedad crónico-degenerativa; entre ellas, eliminar los malos hábitos, adoptar una dieta balanceada donde se restrinja el exceso de calorías y donde abunden las frutas y, las verduras como el brócoli, chayote, acelgas, nopal y espinacas; se debe evitar el sobrepeso y practicar diario algún tipo de ejercicio.

Estudios, aún no concluyentes, reportan que la diabetes tipo 1 puede reducirse en forma sustancial por medio de la administración del fármaco nicotinamida. Afirman que este medicamento protege a las células beta del páncreas contra la destrucción autoinmunitaria.

El empleo de los antioxidantes durante periodos prolongados, también promete mucho para la prevención de la diabetes tipo 2.

Además, se debe tener especial cuidado con los ancianos en cuanto a la prevención o el manejo de la diabetes ya que la incidencia y el aumento de la resistencia a la insulina se incrementan mucho con la edad.

Existen muchos factores (algunos se pueden corregir) que predisponen a los ancianos a contraer la enfermedad: las dietas hipercalóricas, la disminución en la producción de insulina y el aumento en la resistencia a ésta por parte de los tejidos; la inactividad física, el sobrepeso, el consumo de medicamentos y el padecimiento de otras enfermedades.

Para el caso de las personas que ya padecen la enfermedad, dos metas son esenciales: mantener controlada su glucemia todo el tiempo y prevenir las complicaciones. La educación detallada para el autocontrol, la alimentación correcta, las revisiones periódicas, el ejercicio, mantener el peso adecuado, eliminar vicios y la medicación, son factores fundamentales para lograrlo.

Principales causas de mortalidad en México
(2004)

	Descripción	%
1	Diabetes mellitus	12.6
2	Enfermedades isquémicas del corazón	10.8
3	Enfermedad cerebrovascular	5.7
4	Cirrosis y otras enfermedades crónicas del hígado	5.7
5	Enfermedad pulmonar obstructiva crónica	3.8
6	Ciertas afecciones originadas en el periodo perinatal	2.9
7	Accidentes de tráfico de vehículo de motor	2.4
8	Infecciones respiratorias agudas bajas	2.2
9	Enfermedades hipertensivas	3.6
10	Nefritis y nefrosis	2.1
11	Agresiones (homicidios)	3.1
12	Desnutrición calórico protéica	1.9
13	Tumor maligno de tráquea, bronquios y pulmón	1.4
14	Tumor maligno del estómago	1.1
15	Tumor maligno del hígado	1.0
16	VIH/SIDA	1.0
17	Tumor maligno de la próstata	1.0
18	Enfermedades infecciosas intestinales	1.0
19	Tumor maligno del cuello del útero	0.9
20	Lesiones autoinfligidas intencionalmente (suicidios)	0.9
	Causas mal definidas	1.0
	Las demás	33.8

Fuente: CONAPO, *Proyecciones de la población de México, 2000 – 2050,* México, 2004.

13

Mantenga bajo control su presión arterial

La hipertensión arterial es el problema de salud pública más común en nuestros días. Este padecimiento y sus complicaciones representan uno de los problemas más graves de sanidad en todo el mundo debido a su elevada morbimortalidad.

Es muy notable y preocupante el hecho de que la mayor parte de los pacientes se diagnostica de forma tardía, debido principalmente a la ausencia de síntomas los cuales, por desgracia, aparecen cuando ya el enfermo presenta complicaciones como insuficiencia cardiaca o renal y vasculopatía periférica.

Precisamente por esta ausencia de síntomas se le ha dado en llamar "la asesina silenciosa" en virtud de que las personas hipertensas pueden no presentar síntomas durante años y luego sufrir una embolia cerebral o un ataque al corazón. La prevención y el tratamiento adecuado reducen de manera considerable la frecuencia de estas enfermedades así como sus secuelas.

Varios factores de tipo genético, dietético y ambiental han sido propuestos como elementos causantes, desencadenantes, o perpetuadores de la enfermedad.

El énfasis en las modificaciones en el estilo de vida ha conferido a la alimentación un papel preponderante tanto en la prevención primaria como en el tratamiento de este padecimiento.

La experiencia clínica, así como la evidencia epidemiológica, resaltan la necesidad de considerar a las medidas antihipertensivas no farmacológicas, tan importantes como el uso adecuado del arsenal medicamentoso disponible. Dichas medidas presuponen el cuidado en la alimentación, el ejercicio físico, la eliminación de malos hábitos como el tabaquismo y el alcoholismo y la adopción de un estilo de vida saludable, así como mantener un peso corporal dentro de lo normal.

De acuerdo con los cálculos actuales, más de mil millones de personas en todo el mundo padecen de hipertensión arterial, y en la mayoría de las sociedades del hemisferio occidental el riesgo de un individuo de adquirir esta enfermedad es superior al 50 por ciento. Lo que es más preocupante aún es que dicho porcentaje revela una clara tendencia a incrementarse conforme la población envejece. Y es que el aumento en la longevidad del que ahora disfruta una proporción muy importante de la población mundial, no se ha acompañado, por un aumento equiparable en los indicadores de calidad de vida, ya que para la sociedad occidental la vejez es sinónimo de diversas afecciones.

A medida que la población envejece, ciertas enfermedades, entre ellas la hipertensión y sus complicaciones, adquieren mayor magnitud como causa de morbilidad y mortalidad.

Un buen porcentaje (entre 90 y 95 por ciento) de personas con presión arterial alta, presentan lo que se llama hipertensión arterial esencial o primaria. En estos casos, la causa directa del problema no se logra identificar con claridad, aunque ésta probablemente sea multifactorial. En muchas ocasiones existe cierto grado de disfunción renal.

En el 5 al 10 por ciento de los casos de hipertensión, ésta es provacada por otra enfermedad: padecimiento renal crónico, aldosteronismo primario, patología renovascular, feocromocitoma, coartación aórtica y apnea del sueño.

De acuerdo con la Organización Mundial de la Salud (OMS), una persona es hipertensa cuando su presión arterial sistólica rebasa los 140 milímetros de mercurio y su presión diastólica supera los 90 milímetros de mercurio.

En virtud de que la ocurrencia de la hipertensión aumenta conforme se incrementa la edad, más de la mitad de las personas con más de 60 años padecen de presión arterial alta. No obstante, este riesgo aumenta no tanto por la edad sino, más bien, por adoptar ciertos estilos de vida; por lo tanto, la hipertensión se puede prevenir si se realizan algunos cambios en nuestros hábitos.

Casi siempre, son tres los órganos que resultan más afectados por la elevación crónica de la presión arterial: el cerebro, el corazón y los riñones. La aterosclerosis, principal causa de la enfermedad cardiovascular, es una consecuencia directa del daño de órganos terminales originada por la hipertensión.

Así, en personas de mediana edad, un aumento de 20 milímetros de mercurio en la presión sistólica provoca un incremento en la tasa de mortalidad por enfermedad cardiovascular de hasta un 60 por ciento. Como resultado, 50 por ciento de los hipertensos fallecen por coronariopatía o por insuficiencia cardiaca congestiva, 33 por ciento por accidente vascular cerebral y entre 10 y 15 por ciento por insuficiencia renal.

En casi todos los casos de hipertensión, la resistencia periférica aumenta (es la resistencia que se presenta en los vasos sanguíneos al flujo de la sangre). Esta resistencia provoca que el ventrículo izquierdo aumente el esfuerzo al bombear la sangre hacia la aorta. Si persiste la presión alta, con el tiempo, el ventrículo se hipertrofia y posteriormente ocasiona insuficiencia congestiva.

Entre los factores de riesgo para contraer el padecimiento están: la herencia, el sobrepeso, el consumo excesivo de sal, el sedentarismo, los malos hábitos como el tabaquismo y el consumo de alcohol y, algunas enfermedades, entre las que destacan las afecciones renales.

Se ha constatado que si de esos factores de riesgo se modifican se optimiza la eficacia de la prevención primaria y el tratamiento farmacológico de la enfermedad si ésta ya se padece. Asimismo, si se corrige una dieta con malos hábitos (como las actuales donde abundan los alimentos chatarra ricos en sal, grasa, colesterol y conservadores), aumenta el nivel de prevención y control de la hipertensión. Una dieta saludable abundante en frutas y verduras, productos lácteos desgrasados y con poca grasa saturada puede reducir la presión arterial sistólica en un promedio de 6 a 12 milímetros de mercurio.

Por otra parte, como ya se mencionó el sobrepeso es un factor determinante de hipertensión, de enfermedad cardiovascular y cerebrovascular, de manera que su reducción y control constituyen una condicionante prioritaria de la prevención.

La probabilidad de contraer hipertensión arterial es de tres a seis veces mayor en individuos con sobrepeso que en personas con peso normal; además, entre 20 y 30 por ciento de los casos de hipertensión son atribuibles a la obesidad debido a que las personas obesas presentan en sus tejidos una mayor resistencia a la acción de la insulina y, por lo tanto, hiperinsulinemia, activación del sistema renina-angiotensina y cambios físicos en el riñón.

El aumento en el consumo de energía mediante dietas hipercalóricas, que con mucha frecuencia consumen las personas con sobrepeso (es donde está precisamente el origen del problema), también se relaciona con una elevación en la insulina plasmática, situación que genera un aumento en la resorción renal de sodio y, por consiguiente, una elevación en la presión arterial.

Por lo que se refiere al cloruro de sodio o sal de cocina, los estudios epidemiológicos refieren que la hipertensión es muy frecuente y los accidentes vasculares cerebrales son la primera causa de muerte en poblaciones con altos consumos de sal.

La presión arterial sistólica guarda una relación muy estrecha con el consumo diario de sodio. A mayor consumo mayor incremento de la presión, por eso se le ha dado en llamar a este fenómeno "hipertensión sensible a la sal". Sin embargo, se debe aclarar que no todas las personas reaccionan con aumentos en su presión arterial tras el consumo de un alimento rico en sal; en este caso se dice que la persona tiene una presión arterial resistente a la sal.

Se calcula que entre del 35 y 50 por ciento de los hipertensos y entre 10 y 20 por ciento de las personas con presión normal son sensibles a la sal. Los grupos más predispuestos a mostrar una alta sensibilidad a la sal son personas hipertensas con niveles de presión muy altas, pacientes hipertensos difíciles de controlar aun con dosis altas de medicamentos, hipertensos obesos, diabéticos, enfermos con insuficiencia cardiaca congestiva y los ancianos.

Como medida de prevención, se recomienda no exceder los consumos de sodio por arriba de los 2,400 miligramos por día. Este nivel se logra si se cocina con una cantidad moderada de sal, si se evita añadir más sal a los alimentos al momento de ingerirlos y si se eliminan de la dieta alimentos procesados muy salados.

Por lo que respecta al consumo de bebidas alcohólicas, se calcula que entre 6 y 10 por ciento de los casos de hipertensión se deben a este factor. Sólo el consumo de 3 o 4 bebidas por día puede incrementar la presión sistólica en 3 milímetros de mercurio, por lo que es preferible abstenerse o beber sólo una cerveza al día o una copa de vino tinto, que como se mencionó, tiene propiedades cardioprotectoras.

En cuanto a la actividad física, se ha calculado que las personas que no practican ningún tipo de ejercicio físico, tienen de 40 a 50 por ciento más posibilidades de desarrollar hipertensión arterial que quienes sí se ejercitan. Se ha comprobado que los niveles moderados a intensos de actividad física proporcionan un efecto protector contra el alza de la presión y contra los accidentes vasculares cerebrales, así como contra la enfermedad cardiovascular.

El ejercicio intenso puede conseguir que la presión arterial, tanto la sistólica como la diastólica, descienda hasta entre 6 y 7 milímetros de mercurio, lo que beneficia en especial a aquellos pacientes difíciles de controlar con los medicamentos. Por lo tanto, el aumento en la actividad física de baja a moderada intensidad por unos 30 a 45 minutos todos los días, es una medida auxiliar complementaria muy importante para la prevención y el control de la hipertensión.

Retomando el tema de la alimentación, un ión que desempeña un papel fundamental es el potasio, el cual ejerce una función inversa respecto a la presión, así, a mayor consumo de potasio, la presión tiende a mantenerse más baja o bajo control. Y es que el potasio favorece una reducción en la resistencia vascular periférica por dilatación arteriolar directa, aumenta la pérdida de agua y sodio corporal, inhibe la secreción de renina y angiotensina, disminuye el tono adrenérgico y estimula la actividad de la bomba de sodio-potasio. Todas estas acciones que el mencionado ión realiza, tienden a controlar la presión arterial en mayor o menor grado.

Por otra parte, el consumo de potasio se relaciona con una disminución en la mortalidad por enfermedad cerebrovascular.

En amplios estudios de población, se ha verificado que sólo el aumento en 10 miliequivalentes por día (el equivalente a unas dos porciones de fruta) reducen hasta en 40 por ciento los accidentes vasculares cerebrales.

Son buenas fuentes de potasio varias frutas (sobre todo el plátano, los cítricos y la piña), los productos lácteos, los jitomates, las papas, las leguminosas y las carnes de pollo y res.

Los altos consumos de potasio deben evitarse cuando la persona padece de insuficiencia renal.

En lo que se refiere al calcio, este mineral no tiene un efecto muy importante sobre la presión; sin embargo, se ha descubierto hipertensión en personas que consumen dietas muy bajas en calcio.

En cambio, el magnesio sí tiene un efecto hipotensor (al igual que el potasio) respecto a la presión arterial, que quizá se deba a que es un potente inhibidor de la contracción muscular lisa dentro de las arterias ejerciendo, por lo tanto, un efecto vasodilatador.

Son buenas fuentes de magnesio los productos lácteos, los cereales de grano entero, el tofú, la carne de res, las nueces, las verduras de hoja verde y las leguminosas.

Cabe señalar que menos vegetarianos que omnívoros padecen de hipertensión arterial, aun cuando su consumo de sal sea en igual cantidad. Una explicación para ello es que la dieta vegetariana es más rica en ácidos grasos poliinsaturados; en cambio, la dieta de las personas que consumen carne es más abundante en ácidos grasos saturados, grasas totales y colesterol, situación que causa, con el tiempo, trastornos al organismo. Los ácidos grasos poliinsaturados son precursores de las prostaglandinas, cuyas acciones aumentan la excreción renal de sodio y dilatan la musculatura vascular; ambos efectos favorecen el hecho de que la presión no suba.

Por lo tanto, debemos cuidar el peso corporal eliminando los alimentos ricos en grasa y con exceso de carne y sal. Recuérdese que un alto porcentaje de hipertensos son obesos.

El objetivo de cualquier tratamiento para la hipertensión arterial es mantenerla en niveles normales y prevenir las complicaciones renales, cardiacas y cerebrovasculares. Para conseguirlo, las modificaciones en el estilo de vida son indispensables. Son un tratamiento definitivo en algunas y un valioso auxiliar para todas las personas con presión alta. Aun cuando estas modificaciones no puedan corregirse por sí solas o por completo la presión, contribuirán a incrementar la eficacia de los medicamentos, logrando, con ello, el control y una mejor calidad de vida del enfermo.

Todos los profesionales de la salud deberían recalcar a sus pacientes que la implementación de cambios en el estilo de vida resulta fundamental para el correcto tratamiento de la hipertensión, bien sea que tomen o no medicamentos.

Las medidas, de comprobada efectividad, incluyen suspender el mal hábito de fumar (una persona no fumadora tiene 10 veces menos probabilidades de enfermarse de hipertensión y de sus complicaciones que una que sí fuma), reducir el peso en individuos con sobrepeso u obesidad (55 por ciento de los varones con sobrepeso presentan hipertensión, en comparación con 27 por ciento los de que tienen peso normal), limitar el consumo de alcohol, promover la práctica regular del ejercicio físico, reducir el contenido de sal y grasas totales en la alimentación (más de 40 por ciento de las personas hipertensas muestran niveles altos de colesterol y triglicéridos en sangre) y estimular el consumo diario de frutas y vegetales frescos.

Es necesario destacar que las modificaciones en el estilo de vida permiten disminuir la presión arterial, incrementar la eficacia de los medicamentos y disminuir el riesgo de las complicaciones. Así, por ejemplo, un plan de alimentación con un contenido hiposódico de sólo 1,600 miligramos de sodio, ofrece un efecto clínico similar al derivado de la monoterapia farmacológica. Adicionalmente, la combinación de dos o más modificaciones en el estilo de vida puede brindar mejores resultados.

Otro de los objetivos consistirá en conseguir una disminución de peso de por lo menos unos cinco kilogramos. A menudo, esta modesta reducción no sólo hace disminuir la presión, sino también los triglicéridos y la glucemia.

Cuanto mayor sea la disminución de peso, tanto mayor será la reducción en la presión arterial. Algunos pacientes en etapa I de hipertensión logran niveles normotensos sólo con la reducción de peso.

Otro beneficio de la pérdida de peso sobre la presión arterial es su efecto sinérgico (refuerzo) con los medicamentos. Por otra parte, se ha comprobado que la baja de peso disminuye en forma considerable la presión, más que una dieta baja en sodio y rica en potasio.

En cuanto a la restricción en el consumo de sal, se recomienda hacerla para tratar la hipertensión y prevenir la insuficiencia cardiaca congestiva y la insuficiencia renal. Dicha restricción se basa en que el cloruro de sodio aumenta la presión arterial y tiende a retener líquidos. En muchos casos, en pacientes en etapa I de hipertensión, la sola restricción de sal normaliza su presión. En grados más severos de hipertensión, la restricción es aún más necesaria para mejorar la eficacia de los medicamentos.

Puesto que la mayor parte de la sal alimentaria proviene de alimentos procesados, los cambios en la preparación de las comidas ayudarán a las personas a alcanzar su objetivo en el consumo de sodio.

Los alimentos más ricos en sodio —y que se deben evitar en la medida de lo posible— son: carnes frías, camarones secos, queso seco, salmón y atún enlatados, carnes y pescados ahumados, procesados o curados, chorizo, sardinas, papas fritas, hojuelas de maíz, nueces y cacahuates salados, pistaches, aceitunas, pizza, hamburguesas, aceites enlatados y sopas enlatadas.

Asimismo, debemos evitar el consumo de productos que tienen aditivos con sodio. A muchos cereales, quesos, helados y bebidas embotelladas se les agrega fosfato disódico; a algunos condimentos, carnes, encurtidos y productos horneados se les añade glutamato monosódico; a los jugos de fruta enlatados o empaquetados se les pone benzoato de sodio, a los frutos secos sulfito de sodio; algunos polvos para hornear, la sopa de jitomate y las harinas que no requieren de levadura, contienen bicarbonato de sodio, y algunos productos congelados como los helados de crema contienen caseinato de sodio.

Además del sodio en los alimentos y en el agua, se pueden ingerir cantidades incidentales en algunos medicamentos, pastas de dientes (sobre todo las que contienen bicarbonato de sodio) y enjuagues bucales.

Diversos medicamentos pueden elevar la presión arterial o interferir en la eficacia de los medicamentos antihipertensivos. Entre ellos figuran los anticonceptivos orales, barbitúricos, sulfonamidas, corticosteroides, antibióticos, agentes contra la tos, laxantes, antiinflamatorios no esteroides, descongestivos nasales, antigripales, ciclosporina, antidepresivos, supresores del apetito y antiácidos estomacales.

Algunas tabletas antiácidas masticables utilizadas contra las agruras o contra la acidez estomacal pueden añadir de 1,200 a 7,000 miligramos de sodio por día; la aspirina proporciona 50 miligramos de sodio por tableta.

Se pueden utilizar condimentos, hierbas y otros sazonadores (rábano picante, salsa Tabasco, jugo de limón y vinagre balsámico) para mejorar el sabor de los alimentos bajos en sodio.

Por lo que se refiere al ejercicio, la actividad física moderada (30 a 45 minutos de caminata todos los días) es muy recomendable para todas las personas, en especial para las hipertensas ya que les ayuda a controlarse mejor y refuerza la acción de los medicamentos; además, es de gran ayuda para reducir peso y para prevenir complicaciones.

Si a pesar de haber efectuado varios cambios en el estilo de vida la presión arterial continua alta, tendrá que recurrirse a de los medicamentos antihipertensivos. El médico, después de una revisión y un análisis del caso, prescribirá los más convenientes.

Es necesario hacer énfasis en el tratamiento de la hipertensión en las personas de la tercera edad debido a su condición física y a su alta frecuencia. Más de la mitad de la población anciana es hipertensa, pero esto no es una consecuencia lógica o normal del envejecimiento, sino que se debe a otras causas entre las que destacan la falta de aplicación de correctivos en el estilo de vida y la falta de ejecución de las medidas preventivas ya descritas.

Como consecuencia de esta alta incidencia de hipertensión en este grupo de edad, el riesgo de sufrir infarto al miocardio o accidente vascular cerebral es tres veces más alto que en las personas de edad mediana. Obviamente, las modificaciones en el estilo de vida ya mencionadas constituyen la máxima prioridad para tratar la hipertensión en los ancianos, al igual que en las personas de menos edad.

Recientemente se ha reportado que la disminución considerable de peso y la reducción en el consumo de sal a 1,800 miligramos por día, aminoran o eliminan la necesidad de utilizar medicamentos en ancianos obesos hipertensos.

En cuanto a las mujeres en edad reproductiva, los resultados de diversos estudios controlados actuales ponen de manifiesto que el uso continuo de anticonceptivos orales puede incrementar los niveles de presión arterial, razón por la cual aumenta el riesgo de hipertensión con la anticoncepción prolongada. La hipertensión durante el embarazo es una de las causas principales de morbimortalidad materno-fetal, por lo que la prevención, la detección y el tratamiento oportuno revisten una gran importancia.

Ocurrencia de la hipertensión según la edad

EDAD	% DE HIPERTENSOS
18-29	4
30-39	11
40-49	21
50-59	44
60-69	54
70-79	65
80 +	65

Glosario

A

ABORTO ESPONTÁNEO.- Es la pérdida de un feto durante el embarazo por causas naturales.

ÁCIDO CLOROGÉNICO.- Es un modificador del sabor dando la percepción de dulzor en los alimentos después de su ingestión., es extraído del corazón de la alcachofa.

ÁCIDO ELAIDICO.- Grasa hidrogenada muy peligrosa que posee 18 átomos de carbono y una relación doble en posición 9.

ÁCIDOS GRASOS MONOINSATURADOS.- Ácidos grasos insaturados que tienen en la cadena doble enlace, en un número que va de 1 a 6, estos son los que tienen una sola insaturación.

ÁCIDOS GRASOS POLIINSATURADOS.- Ácidos grasos esenciales, no pueden sintetizarse en el organismo, y deben obtenerse de la dieta, tienen 2 o más instauraciones.

ACLORHIDRIA.- Ausencia de secreción gástrica.

ADIPOCITOS.- Es un tejido conjuntivo especializado y forman el tejido adiposo, almacenan energía en forma de triglicéridos.

AGENTES ANTINEOPLÁSICOS.- Agentes que inhiben o previenen el desarrollo de neoplasias.

AJOENO.- Actúan inhibiendo ciertas enzimas de los microorganismos que contienen el grupo tiolproveniente de la condensación de 2 moléculas de alicina.

ALBÚMINA.- La albúmina es una proteína que se encuentra en gran abundancia en el plasma sanguíneo, siendo la principal proteína de la sangre. Es sintetizada en el hígado.

ALICINA.- Potente inhibidor de ciertas enzimas tales como cistein-proteinazas y alcohol deshidrogenadas, se encuentra en el ajo.

ALZHEIMER.- Es una enfermedad neurodegenerativa, que se manifiesta como deterioro cognitivo y trastornos conductuales. Se caracteriza en su forma típica por una pérdida progresiva de la memoria y de otras capacidades mentales.

ANDRÓGENOS.- Los andrógenos son hormonas esteroideas derivados del ciclopentanoperhidrofenantreno, cuya función principal es la de estimular el desarrollo de los caracteres sexuales masculinos.

ANOREXIA.- Es un trastorno del comportamiento alimentario que se caracteriza por una pérdida significativa del peso corporal producida normalmente por la decisión voluntaria de adelgazar. Este adelgazamiento se consigue suprimiendo o reduciendo el consumo de alimentos, especialmente «los que engordan» y también con cierta frecuencia mediante vómitos, uso indebido de laxantes, ejercicio físico exagerado y consumo de anorexígenos, diuréticos, etcétera.

ANTIOXIDANTE.- Significa que impide la oxidación perjudicial de otras sustancias químicas, ocasionada en las reacciones metabólicas o producido por los factores exógenos como las radiaciones ionizantes.

ARRITMIAS CARDIACAS.- Son cualquier alteración del ritmo cardíaco, ya sea por cambio de sus características (ritmos distintos del ritmo sinusal normal) o por variaciones inadecuadas de la frecuencia.

ARTERIOSCLEROSIS.- Se refiere al endurecimiento de las paredes arteriales –arterio de arteria, esclerosis de endurecimiento– y en todo caso, el término arteriosclerosis abarca varias afecciones que llevan al endurecimiento, incluyendo la aterosclerosis.

ATEROESCLEROSIS.- Es un síndrome caracterizado por el depósito de sustancias lipídicas, llamado placa de ateroma, en las paredes de las arterias de mediano y grueso calibre.

ASTAXANTINA.- La astaxantina es el pigmento rojo que le da al salmón, a los langostinos y a los flamencos su color rojizo característico. Químicamente, es similar al betacaroteno (encontrado en las zanahorias) y a la vitamina A, forma parte del grupo de los carotenoides.

B

BARRERA PLACENTARIA.- Permite un transporte selectivo de anticuerpos maternos hacia el feto.

BEBIDAS ISOTÓNICAS.- Se llama bebidas isotónicas o bebidas deportivas a las bebidas con gran capacidad de rehidratación. Incluyen en su composición bajas dosis de sodio, normalmente en forma de cloruro de sodio o bicarbonato sódico, azúcar o glucosa y, habitualmente, potasio y otros minerales. Estos componentes ayudan a la absorción del agua

BETACAROTENO.- Es una sustancia que está presente en frutas y verduras, da el color naranja o rojo típico de algunas de ellas, las naranjas, la remolacha o el tomate entre otros. Se ha demostrado que este pigmento se convierte en vitamina A y además es un poderoso antioxidante de las células y por tanto retrasa el envejecimiento de éstas.

BETAGLUCANOS.- Son polisacáridos (un subgrupo de los hidratos de carbono), parientes de otras fibras solubles como la inulina o los fructooligosacáridos (FOS). Presentes sobre todo en la levadura de cerveza, en ciertos tipos de setas (shiitake, reishi…), y en cereales como la avena y el maíz, sus propiedades resultan muy provechosas.

BETAÍNA.- Es un sólido incoloro, derivado del ácido N, N-dimetilaminoacético. Debe su nombre a su aparición en le remolacha de azúcar (*Beta vulgaris*).

BETASITOSTEROL.- Forma parte de un grupo de compuestos orgánicos de origen vegetal que, solos o en combinación con otros esteroles de origen vegetal, reduce los niveles sanguíneos de colesterol.

BIOFLAVONOIDES.- Son pigmentos naturales presentes en los vegetales y que nos protegen del daño de los oxidantes

BIOSÍNTESIS.- Es la formación de sustancias en el interior de un ser vivo.

BIXINA.- Colorante natural más utilizado en la industria alimenticia alrededor del mundo. Permite producir una extensa gama de tonalidades, razón por la cual sus aplicaciones son casi ilimitadas.

BROMELINA.- Es una enzima digestiva proteolítica que contiene azufre y que es extraída del tallo y de la fruta de la planta de piña (*Ananas comosus*), familia de las Bromeliáceas).

C

CANCERÍGENO.- Sustancia que actúa o favorece el desarrollo de cáncer.

CANTAXANTINA.- Es un colorante acompañado del código industrial E161G, es de la familia de los betacarotenos, que dan color también a la zanahoria, el boniato o la calabaza. Su uso se ha extendido también a las cremas bronceadoras y a comprimidos de administración oral cuya finalidad era la de reforzar el bronceado.

CAPSAICINA.- Es el componente activo del pimiento rojo (*Capsicum*).

CARDIOPATÍA CORONARIA.- Alteraciones cardíacas secundarias a trastornos de la circulación coronaria

CARDIOVASCULARES.- Se refiere al corazón y los vasos sanguíneos. El sistema cardiovascular está conformado por arterias, venas, arteriolas, vénulas y capilares.

CAROTENOIDES.- Son pigmentos orgánicos que ocurren de forma natural en plantas y otros organismos fotosintéticos como algas, algunas clases de hongos y bacterias. Se conoce la existencia de más de 700 compuestos pertenecientes a este grupo.

CATARATAS.- Es la pérdida de transparencia del cristalino, que es un lente transparente que tenemos detrás de la pupila y que nos sirve para enfocar nítidamente los objetos.

CATECOLAMINAS.- Grupo de neurotransmisores principales del sistema nervioso.

CATEQUINAS.- Son flavonoides que parecen tener una actividad anticancerígeno, aunque sus propiedades son mucho más amplias.

COLÁGENO.- Es una molécula proteica que forma fibras, las fibras colágenas.

COLITIS.- Es un trastorno gastrointestinal, consiste en una inflamación del colon y por extensión de todo el intestino grueso

CUCURBITACINAS.- Es un grupo de metabolitos vegetales triterpenoides que ocurren en la familia Cucurbitaceae de las plantas

CUMARINAS.- Están presentes en muchas plantas. La metil esculina fue identificada en *Ruta*, *Avena* e *Imperata*. Compuestos tales como escopolina, escopoletina y furanocumarinas tienen capacidad inhibitoria del crecimiento vegetal.

D

DEGENERACIÓN MACULAR.- Es una enfermedad degenerativa que afecta al centro de la retina en personas mayores de 60 años.

DIABETES.- Es un desorden del metabolismo, el proceso que convierte el alimento que ingerimos en energía. La insulina es el factor más importante en este proceso. Durante la digestión se descomponen los alimentos para crear glucosa, la mayor fuente de combustible para el cuerpo

DIOSGENINA.- Saponina esteroidal que se utiliza de preferencia para la obtención de hormonas corticoides y hormonas sexuales.

DISLIPIDEMIA.- Condiciones patológicas cuyo único elemento común es una alteración del metabolismo de los lípidos, con su consecuente alteración de las concentraciones de lípidos y lipoproteínas en la sangre.

DOPAMINA.- Es una catecolamina que cumple funciones de neurotransmisor en el sistema nervioso central.

E

EFECTO ANTI ATERÓGENO.- Efecto que disminuye el riesgo cardioisquémico, aumentando los niveles de HDL en la sangre.

ELECTRONES.- Tipo de partícula elemental de carga negativa que forma parte de la familia de los leptones y que, junto con los protones y los neutrones, forma los átomos y las moléculas.

ENDÓCRINOS.- Es un tipo de glándulas que producen hormonas y a su vez, regulan el funcionamiento del organismo.

ENDOTOXINAS.- Son lipopolisacáridos (LPS), moléculas grandes y complejas que contienen lípidos e hidratos de carbono, los cuales varían entre las diferentes BGN.

ENFERMEDAD DE PARKINSON.- Es una enfermedad neurológica que se asocia a rigidez muscular, dificultades para andar, temblor y alteraciones en la coordinación de movimientos.

ENFISEMA PULMONAR.- Es una enfermedad crónica obstructiva en los pulmones.

ENZIMAS.- Son proteínas que catalizan reacciones químicas en los seres vivos.

ESCLEROSIS MÚLTIPLE.- Es una enfermedad desmielinizante, neurodegenerativa, crónica y no contagiosa del sistema nervioso central.

ESFINGOLÍPIDOS.- Son componentes importantes de las membranas celulares.

ESQUIZOFRENIA.- Es un trastorno mental, caracterizado por un degeneración crónica de varios aspectos de la constitución psíquica del individuo, como el juicio de realidad y una desorganización de los aspectos complejos de la personalidad.

ESTRÓGENOS.- Son hormonas sexuales de tipo femenino producidos por los ovarios y, en menores cantidades, por las glándulas adrenales.

ESTUDIOS ANGIOGRÁFICOS.- Serie de estudios de imagen que ayudan a distinguir alteraciones, obstrucciones, rupturas y otras patologías en los vasos sanguíneos.

F

FIBRINA.- Proteína que se forma a partir del fibrinógeno por acción de la trombina.

FIBROBLASTOS.- Es un tipo de célula que sintetiza y mantiene la matriz extracelular del tejido de muchos animales.

FITATOS.- Reducen la absorción y la utilización por parte del organismo de varios minerales tales como el calcio y el zinc

FITOESTRÓGENOS.- Son un grupo de compuestos encontrados en las plantas con similitud estructural con los estrógenos esteroidales y que tienen habilidad para actuar como un estrógeno débil o proveer precursores de sustancias que afectan la actividad estrogénica.

FITONUTRIENTES O FITOQUÍMICOS.- Son sustancias que se encuentran en los alimentos de origen vegetal, que actúan en el cuerpo como antioxidantes (barren los radicales libres), protegen el DNA del núcleo de la célula (evitando mutaciones-cáncer), destoxifican al cuerpo de la polución ambiental, desactivan sustancias carcinogénicas (que producen cáncer), fortalecen el sistema inmune y protegen al cuerpo del desarrollo de enfermedades crónicas como enfermedades del corazón, cataratas, artritis, presión alta, diabetes, envejecimiento, y muchas otras enfermedades. Como ejemplo de estas sustancias podemos citar a la quercetina, la luteína, los indoles, la alicina, el ajoeno, el betacitosterol, el resveratrol, el ácido clorogénico, la bromelina, la cianidina, la salilcisteína, la hesperidina, los polifenoles, las xantinas, el capferol, la bixina, la genisteína, las cumarinas, el ficoteno, el ácido elaídico, la capsaicina, los carotenoides, los terpenos, los picnogenoles, los glucaratos, la bulatacina, la papaína, el sulforafano, la rutina, la betaína, las saponinas, la zearalenona, la diosgenina, las catequinas y los betaglucanos.

FISIOLÓGICOS.- Significa que posee una función normal dentro del organismo.

G

GENISTEÍNA.- Químico producido de forma natural presente en la soya.

GLUTATION.- Es una proteína pequeña, formada por tres aminoácidos: cisteína, ácido glutámico y glicina.

H

HEMÓLISIS.- Es el fenómeno de la desintegración de los eritrocitos. Es un proceso en el que intervienen las soluciones.

HESPERIDINA.- Vitamina P. También llamada citrina y vitamina de la permeabilidad; existe en el pimiento y en la corteza de limón.

HIPERGLUCEMIA.- Cantidad excesiva de glucosa en la sangre.

HIPERLIPIDEMIA.- Cuando hay demasiadas grasas (o lípidos) en la sangre.

HIPERPLASIA.- Es el aumento de tamaño de un órgano o de un tejido, por que sus células han aumentado en número, ocurre en los tejidos cuyas células se pueden multiplicar.

HIPERTENSIÓN ARTERIAL.- Es el aumento de forma crónica de la presión arterial.

HIPERTROFIA.- Crecimiento anormal de una o varias células que provoca hinchazón del tejido u órgano interesados.

HIPERVENTILACIÓN.- Es una respiración rápida o profunda, generalmente causada por ansiedad o pánico.

HIPERVITAMINOSIS.- Es la excesiva acumulación de una vitamina en el organismo, que puede llevar a diferentes trastornos dependiendo de que vitamina se trate.

HIPOCALCEMIA.- Es un trastorno que se caracteriza por una escasa cantidad de calcio en la sangre.

HIPOGONADISMO.- Es sinónimo de esterilidad, cualidad atribuible a aquellas personas que no se pueden reproducir, bien sea debido al mal funcionamiento de los órganos sexuales o a que los gametos son defectuosos.

HIPOGLUCEMIA.- Baja concentración de glucosa en la sangre.

HIPOTIROIDISMO.- Es un síndrome producido por una disminución de la función de la glándula tiroides que ocasiona un déficit de hormonas tiroideas y múltiples síntomas en todo el organismo de diversa intensidad.

HIPOVITAMINOSIS.- Carencia relativa de una o varias vitaminas esenciales.

HORMONAS.- Son sustancias segregadas por ciertas células especializadas localizadas en glándulas de secreción interna o glándulas endocrinas, o también por células epiteliales e intersticiales.

I

INFARTO.- La necrosis isquémica de un órgano (muerte de un tejido), generalmente por obstrucción de las arterias que lo irrigan, ya sea por elementos dentro de la luz del vaso, por ejemplo placas de ateroma, o por elementos externos (tumores que comprimen el vaso, torsión de un órgano, hernia de un órgano a través de un orificio natural o patológico, etcétera).

INOSITOL.- Forma parte de las vitaminas del complejo B. Se necesita para la formación correcta de las membranas celulares.

ISQUEMIA.- Sufrimiento celular causado por la disminución transitoria o permanente del riego sanguíneo y consecuente disminución del aporte de oxígeno de un tejido biológico.

L

LEUCOTRIENOS.- Son ácidos grasos derivados del metabolismo oxidativo del ácido araquidónico por la vía de la 5-lipooxigenasa.

LICOPENO.- Se ha demostrado que es un potente antioxidante que brinda gran protección contra el cáncer de próstata. Se le encuentra principalmente en el jitomate.

LIGNANOS.- Es un compuesto químico que se encuentra en las plantas.

LIPEMIA POSTPANDRIAL.- Es el nivel de colesterol y triglicéridos en sangre, que se cuantifican después de ingerir alimentos.

LUTEINA.- Es un compuesto químico perteneciente al grupo de las xantofilas. Es un pigmento amarillo encontrado en plantas, algas y bacterias fotosintéticas.

M

MELANINA.- Es un pigmento de color negro o pardo negruzco en forma de gránulos que existe en el protoplasma de ciertas células de los vertebrados; a ella deben su coloración especial la piel, el pelo o la coroides en los ojos.

METABOLISMO.- Es el conjunto de reacciones bioquímicas común en todos los seres vivos, que ocurren en las células, para la obtención e intercambio de materia y energía con el medio ambiente y síntesis de macromoléculas a partir de compuestos sencillos con el objetivo de mantener los procesos vitales (nutrición, crecimiento, relación y reproducción) y la homeostasis.

MICROCEFALIA.- Es un trastorno neurológico en el cual la circunferencia de la cabeza es más pequeña que el promedio para la edad y el sexo del niño.

MICROORGANISMOS FÚNGICOS.- Son los seres vivos que pertenecen a la familia de los hongos y esporas.

MIOCARDIO.- Es el tejido muscular del corazón.

MIOGLOBINA.- Es una proteína relativamente pequeña constituida por una cadena polipeptídica de 153 residuos aminoacídicos que contiene un grupo hemo con un átomo de hierro, y cuya función es la de almacenar y transportar oxígeno.

MUTACIONES.- Cambio en la secuencia de bases del ácido desoxirribonucleico (ADN) de un organismo.

N

NEFROSIS.- Enfermedad degenerativa del riñón.

NEURONAS.- Es una célula nerviosa, elemento fundamental de la arquitectura nerviosa. Es la unidad funcional que transporta el flujo nervioso.

NEUROPATÍA PERIFÉRICA.- Es una insuficiencia de los nervios que llevan la información hasta y desde el cerebro y la médula espinal, lo cual produce dolor, pérdida de la sensibilidad e incapacidad para controlar los músculos.

NEUROTRANSMISOR.- Es una biomolécula, sintetizada generalmente por las neuronas, que se vierte, a partir de vesículas existentes en la neurona presináptica, hacia la brecha sináptica y produce un cambio en el potencial de acción de la neurona postsináptica.

NOREPINEFRINA.- Es un neurotransmisor de catecolamina de la misma familia que la dopamina.

O

OSTEOARTRITIS.- Es una enfermedad que debilita los huesos debido a una pérdida de masa ósea.

P

PAPAINA.- Es una enzima que se extrae del fruto llamado papaya.

PARATOHORMONA.- Es la hormona secretada por las glándulas paratiroideas, localizadas por detrás de la glándula tiroides.

PATOLÓGICOS.- Se refiere a una situación anormal dentro del funcionamiento y/o composición del organismo.

PECTINAS.- Polisacárido vegetal que se halla disuelto en el jugo de muchos frutos maduros.

PERISTALTISMO.- Contracciones en forma de onda que impulsan los alimentos a lo largo del tubo digestivo.

PLASMA SANGUÍNEO.- Es la porción líquida de la sangre en la que están inmersos los elementos formes, también llamados elementos figurados.

POLIFENOLES.- Una sustancia con un alto poder antioxidante en nuestro organismo que puede ayudarnos a prevenir problemas del corazón.

POLINEUROPATÍA.- Es un subgrupo de desórdenes de nervios periféricos que es típicamente caracterizado por ser un proceso simétrico y diseminado, habitualmente distal y gradual, que puede presentar pérdida sensitiva, debilidad muscular o una combinación de ambas.

PREECLAMPSIA.- Es la combinación de presión alta (hipertensión), hinchazón (edema) y proteínas en la orina (albuminuria, proteinuria) que se presenta después de la vigésima semana de embarazo.

PROANTOCIANIDINAS.- Son un tipo de nutrientes que pertenecen a la familia de los flavonoides.

PROSTAGLANDINAS.- Son un conjunto de sustancias que pertenecen a los ácidos grasos de 20 carbonos (eicosanoides), que contienen un anillo ciclopentano y constituyen una familia de mediadores celulares, con efectos diversos y, a menudo, contrapuestos.

Q

QUERCETINA.- Es un potente antioxidante, encontrado en una gran variedad de frutas y vegetales, entre ellas: uvas, cebolla roja, toronja y manzanas.

QUILOMICRONES.- Son una lipoproteína, grandes partículas esféricas que transportan los lípidos en la sangre hacia los tejidos.

R

RESVERATROL.- Es una fitoalexina presente en las uvas y en productos derivados como vino, mosto, etc., y en otros alimentos como el maní y las nueces. Posee propiedades antioxidantes y anticancerígenas.

RETINOPATÍA.- Enfermedad de los capilares (vasos sanguíneos pequeños) de la retina del ojo.

RINITIS.- Es una inflamación del revestimiento mucoso de la nariz, caracterizada clínicamente por uno o más síntomas.

S

SAPONINAS.- Sustancias de estructura química similar a los glucósidos, de los que se diferencian por el hecho de producir abundante espuma al ser removidos en agua.

SEDENTARISMO.- Forma de vida en la que una sociedad humana permanece en un lugar fijo para su desarrollo basándose en métodos como la agricultura o el comercio para sustentarse.

SÍNDROME DE CUSHING.- Enfermedad provocada por el aumento de la producción de la hormona cortisol, hormona producida por las glándulas suprarrenales, esto es provocado generalmente por un desorden (que puede ser un tumor) en la glándula pituitaria, que es la que produce la hormona ACTH, encargada de estimular a las glándulas suprarrenales. También puede producirse por el sobre uso de corticosteroides.

SINUSITIS.- Es la inflamación de los senos paranasales. Generalmente obedece a infección por agentes bacterianos, virales u hongos.

SISTEMA INMUNOLÓGICO.- Es el conjunto de tejidos, células y moléculas responsables de la inmunidad, y su respuesta colectiva y coordinada frente a la introducción en el organismo de ciertas sustancias extrañas se denomina respuesta inmunitaria.

SOMATOMAMOTROPINA CORIÓNICA HUMANA.- Es una hormona que es producida por la placenta de la madre.

SUBNUTRICIÓN.- Es una alteración del estado nutritivo que se manifiesta por la deficiencia de nutrientes en la alimentación de un individuo. Es sinónimo de desnutrición.

T

TANINOS.- Sustancia orgánica no nitrogenada, con fuertes propiedades astringentes, soluble en agua y no en alcohol.

TAQUICARDIA.- Incremento del ritmo cardíaco.

TEJIDO EPITELIAL.- Tejido formado por una o varias capas de células yuxtapuestas que constituyen el recubrimiento interno de las cavidades, órganos huecos, conductos del cuerpo y la piel y que también forman las mucosas y las glándulas.

TERPENOS.- Sustancias naturales producidas de manera primaria por una gran variedad de plantas, particularmente las coníferas y algunos insectos. Son los mayores componentes de la resina y del aguarrás.

TROMBOS.- Es un coágulo de sangre en el interior de un vaso sanguíneo.

TROMBOXANOS.- Potente agente iniciador de la agregación plaquetaria.

U

ÚTERO.- Órgano de la gestación del aparato reproductor femenino.

Z

ZEARALENONA.- Metabolito producido por varias especies del género *Fusarium,* ha sido denominada como un contaminante de origen natural de los cereales, particularmente el maíz.

ZEAXANTINA.- Pigmento liposoluble de color amarillento que aparece en algas, bacterias y plantas superiores.

Bibliografía

Bray G. A., Diagnóstico y prevalencia de Obesidad, En Obesidad y aspectos básicos y aplicaciones clínicas Clin. NA, Interamericana México. 2002; 1: 1 -16.

Bowers R W ,Fox E L. Nutrición y rendimiento deportivo En: Bowers R W, Fox E L, de. Fisiología del deporte 3a. Buenos Aires Argentina.: Panamericana, 2005: 267-294.

Brownell K D. Tratamiento de la obesidad mediante un cambio de conducta, En Aspectos básicos y aplicaciones clínicas Cin NA, Interamericana México. 2002; 1: 219-40.

E. Zorrilla; Hipercolesterolemia diagnóstico y tratamiento; Ed.Interamericana. Mc Graw-Hill; 2001.

Mahan K L, Arlin M T. Cuidado nutricional en diabetes melitus e hipoglicemia reactiva En: Mahan K L, Arlin M T, Krause nutrición y dietoterápia 8ª. México D.F.:Interamericana Mc. Graw-Hill, 2005: 535-64.

Mahan K L, Arlin M T. Nutrición en enfermedades cardiovasculares y ateroescleróticas En: Mahan K L, Arlin M T, Krause nutrición y dietoterápia 8ª. México D.F.: Interamericana Mc. Graw-Hill, 2003: 361-90.

Mahan K L, Arlin M T. Nutrición en la adolescencia En: Mahan K L, Arlin M T, Krause nutrición y dietoterápia 8ª. México D.F.:Interamericana Mc. Graw-Hill, 2005: 243-44.

Mahan K L, Arlin M T. Cuidado nutricional en enfermedades neoplásicas En: Mahan K L, Arlin M T, Krause nutrición y dietoterápia 8ª. México D.F.:Interamericana Mc. Graw-Hill, 2005: 633-50.

Olivares M. Anemias Nutricionales En: Ballabriga O. Brunser J. Nutrición clínica en la infancia. New York. Raven Press, Ltd. 2004: 2: 561-75.

Pérez-Lizaur A B, Pfeffer F. Alteraciones renales y nutrición En: Casanueva E, Kaufer-Horwitz M, de. Nutriología médica 1a. México D.F.:Panamericana, 2004: 316.

Podrabsky M, Nutrición y envejecimiento En: Mahan K L, Arlin M T Krause Nutrición y dietoterapia 8ª. México D.F.: Interamericana Mc. Graw-Hill, 2004: 247-62

Sociedad Española de hipertensión. Guía sobre el diagnóstico y el tratamiento de la hipertensión en España 2002. Hipertensión 2002; 19 Suppl 3: 67-74.

Vázquez-Garibay E M. Nutrición del lactante y preescolar en la salud y la enfermedad. En Programa de Actualización Continua y Pediatría, Academia Mexicana de Pediatría Intersistemas, S.A. de C.V. México 2004: 13-19.

Vega-Franco L. Lactancia natural, En: Nutrición y alimentación en el primer año de la vida 1ª. México D.F., Harcourt Brace 2005: 51-83

Worthington B. S. Nutrición durante el embarazo y la lactancia En: Mahan K L, Arlin M T, Krause nutrición y dietoterápia 8ª. México D.F.:Interamericana Mc. Graw-Hill, 2005: 153-78.